Roy Sparkes

Erstes Basteln mit Kindern

Vielseitige Erfahrungen mit wertlosem Material
Eine alphabetische Sammlung

Otto Maier Verlag Ravensburg

Bildnachweis:
Seiten 9, 104 und 105: Gerda Meyerhof
Seiten 13 und 45: Ewald Stark
Seite 17 aus „Puppe, Bühne, Spiel" von Lothar Kampmann
Seiten 20 und 93 aus „Ravensburger Kinderwerkstatt" von Lothar Kampmann
Seiten 33 und 41 aus „Ein Buch voller Ideen" von Noëlle Lavaivre
Seiten 49, 57, 61 unten, 75, 94, 96: Barbara Bräuning
Seiten 52, 97 und 101 aus „Basteln fast umsonst" von Eve Harlow
Seite 73: Helen Maetzler-Prohaska
Seite 77: Bernhard Lodge
Seite 87: Bonny Schmid-Burleson
Alle anderen Fotos: Derek Clements

Die englische Originalausgabe erschien unter dem Titel „Exploring materials with young children" bei BT Batsford Ltd., London

Übersetzung: Angelika Feilhauer
Umschlagfoto: Barbara Bräuning
Umschlaggestaltung: Manfred Burggraf
Printed in Germany

10 9 88 87

ISBN 3-473-41049-7

Womit in diesem Buch gebastelt wird:

Abfallmaterial 14
Alufolie 62
Ansichtskarten 43

Bambusstöcke 16
Bast 86
Besenstiel 17
Bindfaden 86
Blätter 18, 66
Blechdosen 20
Bonbonpapier 21
Borke 23, 44
Bretter 45

Dosen 20, 52

Eierschachteln 24
Eierschalen 27

Farben 12
Federn 28
Flaschen 31
Flaschenverschlüsse 32
Fliesen 34
Folie 61

Gardinenringe 35
Garnrollen 36
Gemüse 38
Geschirrspülmittel 42, 104
Gläser/Glasbehälter 42
Grußkarten 43
Gummibänder/-ringe 43

Hartfaserplatten 44
Holz 45, 63, 112
Holzwolle 46
Holzstöcke 82

Joghurtbecher 52

Kartoffeln 38
Karton 72
Kerne 83
Kerzenwachs 109
Kisten 45
Klebstoff 9
Knochen 47
Knöpfe 48
Kordel 86, 94
Kork 50
Kronenkorken 32
Kugelschreiber 51
Kunststoffbehälter 31, 52

Linoleum 56
Luftballons 57

Maschinenteile 58
Metallabfälle 60
Metallfolien 61
Möbelteile 63
Muscheln 64

Nägel 65
Naturmaterialien 66
Nudeln 83, 84
Nußschalen 67
Nylonstrümpfe 68

Papier/-tücher 8, 70
Pappkartons 72
Perlen 78
Pfeifenreiniger 79
Pflanzen 18, 66
Plastikbehälter 52

Resopal 81
Reste 14, 94
Rundhölzer 82

Samen 83
Sand 10, 85
Schachteln 72
Schnur 86
Schwamm 89
Seidenpapier 70
Seife 90
Silberfolie 61
Spanhölzer 91
Steine 92
Stoffreste 94
Streichhölzer 98
Streichholzschachteln 99, 101
Strohhalme 100
Strümpfe 68
Styropor 104

Tapetenreste 107
Teppichreste 108

Verpackungen 70, 72, 104

Wachs/-stifte 109
Wäscheklammern 110
Wasser 10
Wellpappe 113
Wollreste 87

Zahnräder 58
Zahnstocher 98, 114
Zeitschriften 115
Zeitungen 117
Zellulosepapier 70
Zweige 66, 119
Zwiebeln 38

Einleitung

Ausgehend von dem heutzutage sehr reichhaltigen Angebot an verschiedensten Materialien, die teilweise in jedem Haushalt vorhanden sind oder bereits als Abfallprodukt gewertet werden, bietet Ihnen dieses Buch viele Ideen zum Basteln, Werken und Gestalten mit kleinen Kindern. Es ist oft erstaunlich, was eine alte Zeitung, eine Blechdose oder eine Spülmittelflasche, ein Stück Rinde oder ein Flaschenverschluß an gestalterischen Möglichkeiten in sich birgt. Und möchte man kleinen Kindern beim Spielen und Lernen Anregungen bieten, so braucht man eigentlich nur in den Küchenschrank zu greifen und kann, mit Hilfe der hier beschriebenen Techniken, zusammen mit den Kindern „ans Werk" gehen.

Dabei sollten Sie sich jedoch immer wieder bewußt machen, daß nicht das Endprodukt, sondern vor allem die Erfahrungen und Erlebnisse des Kindes beim Tun – beim Bauen, Basteln, Schneiden, Kleben oder Malen – wichtig sind. Denn es kann mitvollziehen, wie durch sein Einwirken mit dem Material etwas geschieht, etwas Neues entsteht. Dabei spürt es ein Erfolgserlebnis und Spaß und Freude an seiner Beschäftigung. Ermutigen Sie Ihr Kind zu solchen eigenen Entdeckungen.
Die Materialien finden Sie in alphabetischer Reihenfolge aufgeführt. Um nicht Beschreibungen von gleichen Techniken bei verschiedenen Materialien zu wiederholen, finden Sie entsprechende Querverweise.

Collagen/Applikationen
Zwischen diesen beiden Begriffen herrscht oft Verwirrung. Beide beinhalten das Aufsetzen von Materialien auf eine meist ebene Grundfläche. Das Wort Applikation wird in diesem Buch für Stoffarbeiten benutzt, während für Collagen alle möglichen Materialien verwendet werden.

Reliefs
Im Gegensatz zu den recht ebenen Collagen können bei einem Relief alle nur denkbaren Gegenstände auf die Grundfläche aufgesetzt werden. Diese muß daher notwendigerweise sehr stabil sein.

Grundflächen
Für leichtere Reliefarbeiten reicht Pappe oder Karton aus. Werden schwerere oder zerbrechliche Materialien verwendet oder Dinge, die stark hervorstehen, sollte man eine festere Grundfläche nehmen. Hartfaserplatte eignet sich für die meisten Arbeiten gut, Reste davon sind leicht zu bekommen. Preßspan (auch mit Kunststoff beschichtet erhältlich), Sperrholz- und Tischlerplatten sowie Holzbretter ge-

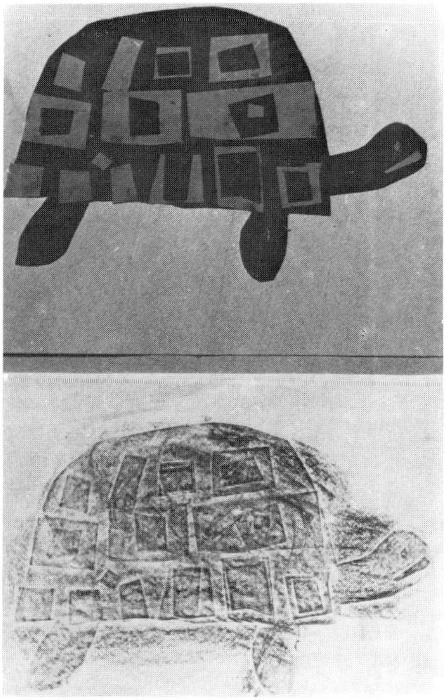

Eine Schildkröte aus gummiertem Buntpapier und ihr Abreibebild, das mit Wachsstiften auf Küchenpapier entstand.

Papierschnipsel für ein abstraktes Bild eines 6jährigen.

ben eine noch solidere Grundfläche ab. Man kann natürlich auch unter eine Hartfaserplatte Holz nageln, schrauben oder leimen, um sie zu verstärken.
Besonders leichte Materialien können auf Styroporplatten befestigt werden.
Collagen können auch auf festes Papier, Karton oder Teile von alten Schachteln geklebt werden.

Papier
Im Handel werden viele verschiedene Sorten angeboten, von denen aber einige sehr teuer sind. Für die meisten Zeichen-, Mal- oder Druckarbeiten reicht Zeitungspapier aus. In vielen Fällen können Papier- und Kartonabfälle verwendet werden: Briefumschlagrücken, Innenseiten von Pappkartons, Packpapier und Rückseiten von Tapetenresten. Manchmal lohnt es sich, besseres Papier zu nehmen, da damit oft auch bessere Ergebnisse erzielt werden.
Weiche Papiertaschentücher, Toilettenpapier, Papierservietten, Seidenpapier, gummiertes Buntpapier sowie Zeichenkarton sind für bestimmte Arbeiten sinnvoll und vermitteln Erfahrungen im Umgang mit unterschiedlichen Strukturen und Farben.
Alle Arten von Papier, ob neu oder schon gebraucht, sind für Collagen und viele andere Bastelarbeiten geeignet.

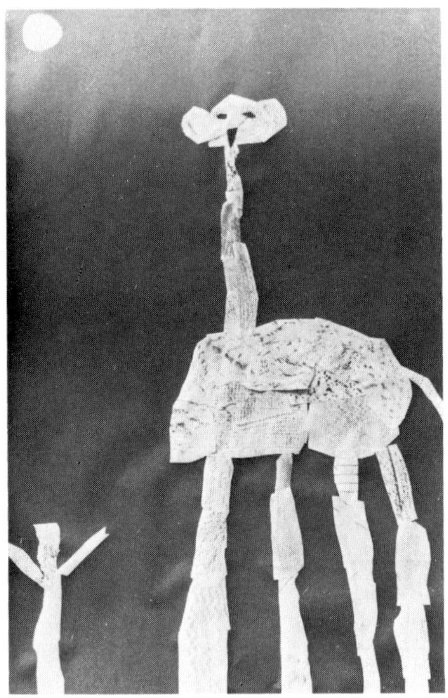

Beliebte Darstellungen für Kinder sind Clowns. Dieser entstand aus verschiedenen Papieren, Karton und einem Stück Eierkarton für die Nase.

Diese Giraffe ist eine Gruppenarbeit von 5jährigen Kindern. Sie ist eine Collage von verschiedenen Abreibebildern, die die Kinder selber hergestellt haben.

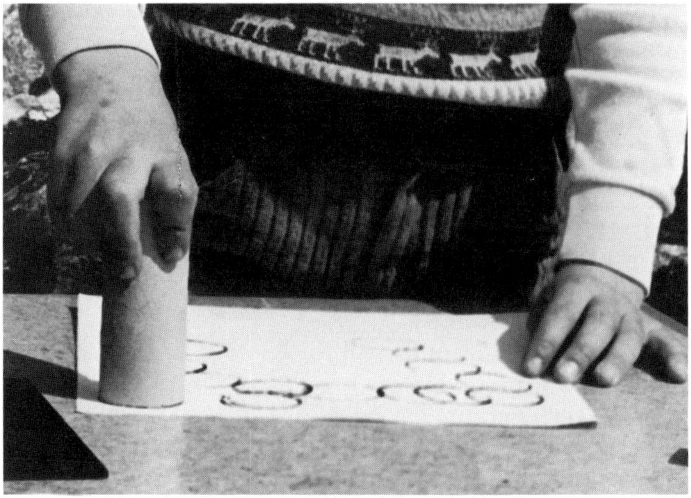

Drucken

Am Anfang wird für Kinder das Drucken hauptsächlich ein Entdeckungsspiel sein, das im Ausprobieren der Möglichkeiten besteht. Hier spielen verschiedene Faktoren eine Rolle: die Beschaffenheit der Materialien, mit denen gedruckt wird; die Farbe, die Tinte, das Färbemittel oder das Stempelkissen, das verwendet wird; das Papier oder die Fläche, die bedruckt wird.
Die ersten Druckversuche zeigen das Ergebnis von Spielen und Entdecken und sind meist rein zufällig. Nach und nach sollten Sie die Kinder ermutigen, aus den einzelnen Abdrucken ein Muster oder Bild zu machen.

Aussortieren und Besprechen

Beides ist wichtig für Kinder, damit sie lernen, genau zu beobachten, Dinge aus der Umwelt zu erkennen, zu unterscheiden, zu sortieren und einzuteilen. Solche Fähigkeiten fördern auch den Sinn für Ordnungen und später für sinnvolle Arbeitsabläufe.
Im Gespräch mit Ihnen können Kinder über Erfahrungen erzählen, die sie während des Spielens gesammelt haben, auch über neue, eigene Ideen dazu, und so eine Vorstellung von den Möglichkeiten entwickeln, die ihnen mit den einzelnen Materialien zur Verfügung stehen.
Alte Kartons und Schachteln dienen zum Aufbewahren der gesammelten Auslese, ebenso sind Schuhkartons, Streichholzschachteln, Keksdosen und ähnliches nützlich.

Klebstoffe

Weißleim ist recht preiswert und reicht für die meisten Arbeiten aus. Er trocknet transparent, klebt alle Holzarten, Holzverbindungen, Pappe, Stoff, Filz, Leder, Styropor und mehr.
Alleskleber eignet sich, wie der Name schon sagt, für fast alle Materialien, klebt schnell und zuverlässig, ist glasklar, aber teurer.
Klebestift ist vor allem bei Papier, Stoff und Filz gut zu verwenden.
Kompaktkleber nimmt man für stark beanspruchte Verklebungen, zum Beispiel an senkrechten Flächen.
Zweikomponentenkleber ist transparent, schnelltrocknend und besonders beständig; für Modellbau geeignet.

Tapetenkleister ist vielseitig verwendbar, insbesondere für Pappmaché.
Ansonsten gibt es natürlich noch viele verschiedene Spezialkleber, die für bestimmte Materialien notwendig sind (z. B. für Styropor).

Bauten und Konstruktionen
Dieser Ausdruck wird gebraucht, wenn verschiedene Gegenstände oder Materialien zu einer „dreidimensionalen" Form zusammengefügt werden, die entweder frei oder auf einer Grundfläche steht. Solche Gebilde können geklebt, geklammert, gesteckt, genutet oder verflochten werden. Die Skala der möglichen Materialien dafür reicht von Papier bis Metall.

Bauelemente
Es ist wichtig, die Auswahl zu begrenzen, da kleine Kinder es häufig schwierig und entmutigend finden, unter zu vielen unterschiedlichen Größen und Formen zu wählen. Große Kartons eignen sich gut für umfangreiche Gebilde. Nichtsplitternde Holzabfälle sind für kleinere Arbeiten brauchbar. Rauhe Kanten schmirgelt man mit Sandpapier ab. Das Holz kann auch noch bemalt werden. Holzspan und Lattenreste sind für Straßen, Brükken, Dächer und Böden zu gebrauchen. Dabei kann man über Begriffe sprechen, wie: größer als, länger als, schwerer als, leichter als. Vielleicht möchten die Kinder über die Vorstellungen und Erfahrungen, die sie während des Spielens entwikkeln, erzählen.

Sand
Im Freien: Wenn nicht mehr damit gespielt wird, ist ein luftdurchlässiger Schutz, zum Beispiel Maschendraht, sehr nützlich, um Katzen fernzuhalten. Es sollte auch ein Abfluß vorhanden sein. Schmutziger Sand kann mit einem Gartenschlauch gewaschen werden.
Innen: Silbersand ist hier der geeignetste, er ist fein und färbt nicht.
Bei Kindern mit Hautallergie oder Ekzemen sollte vor dem Spielen mit Sand ärztlicher Rat eingeholt werden.
Anlaß für Gespräche: Wie fühlt sich der Sand an – feucht, trokken, rauh, kiesig oder weich? Was passiert, wenn feuchter Sand trocken wird? Warum ist feuchter Sand schwerer als trokkener? In feuchtem Sand kann gemalt werden. Trockener Sand läßt sich sieben. Er kann auch von einem Behälter in den anderen geschüttet werden.

Wasser
Man kann klares Wasser und Zusätze wie Geschirrspülmittel oder Farbstoff verwenden, um Kindern die Änderung der Farbe und der Konsistenz zu zeigen. Wasser, mit dem Kinder spielen, sollte warm sein und an einem warmen Platz stehen. Schürzen

sind ratsam. Im Gespräch können folgende Begriffe behandelt werden: leer und voll, schwimmen und sinken, saugfähig und wasserabweisend, schmelzen, verdampfen, gelieren, rosten und nicht rosten. Schmelzen kann an Wasser- oder Speiseeis demonstriert werden, Verdampfen durch Kochen, Gelieren wenn man Gelee kocht.

Kleiderschutz
Kinder sollten etwas überziehen, um ihre Kleider vor Farb-, Klebstoff- und Wasserspritzern zu schützen. Alte Schürzen, entsprechend zugeschnittene Plastikbeutel sowie alte Herrenhemden oder Pyjamajacken lassen sich gut verwenden.

Sammlungen
Sie sind wichtige Lern- und Spielmittel. Kinder sollten in ihrem Spielbereich eine Auswahl verschiedener Sammlungen vorfinden. Falls diese das Interesse der Kinder wecken, wechselt man gut ausgesuchte Zusammenstellungen von Zeit zu Zeit. Das können „Farbecken", Tischchen, an denen man Naturbeobachtungen ausführen kann oder Spieleinheiten aus Materialien wie Holz oder Wolle sein. Man kann einen „Riech-" oder „Fühltisch" aufbauen, dann nur Materialien, die an einem ganz bestimmten Ort gefunden wurden, zusammenstellen (z. B. ein Wassergefäß mit verschiedenen Dingen vom Strand). All dies sind Ausgangspunkte zum Entdecken und Lernen und regen Interesse und Fantasie der Kinder an.
Mit der Zeit bekommen Sie ein Gefühl für gute Sammlungen. Kleben Sie über Bilder einen 25 mm breiten Rahmen. Zwischenräume zwischen einzelnen Bildern und Mustern sind wichtig. Es müssen nicht mehr als 5 cm sein, obwohl größere Abstände die Arbeit oft besser zur Geltung bringen. Es ist sinnvoll, die Arbeiten so zusammenzustellen, daß die Farben der einen mit denen der benachbarten harmonieren. Kontrastfarben können manchmal besondere Wirkungen erzielen, aber sie bringen auch Unruhe und Spannung, besonders wenn es sich um Komplementärfarben handelt – also um Rot und Grün, Blau und Orange, Gelb und Lila. Ein neutraler Hintergrund wie Weiß, Grau oder Schwarz hebt die Farben eines Bildes hervor.
Es gibt verschiedene Möglichkeiten, eine Sammlung recht flacher Gegenstände auf einem Brett zu befestigen. Am besten eignet sich eine Heftmaschine. Allerdings sollten Kinder sie nicht in die Hand bekommen. Nadeln eignen sich gut für leichte, weichere Flächen. Sie sind Reißzwecken vorzuziehen, die sichtbar sind und leichter herausfallen.
Eine Pinnwand und ein Regal im Kinderzimmer, wo die Arbeiten gut sichtbar ihren Platz haben, geben dem Kind das Gefühl, daß

seine Spiele und Tätigkeiten geschätzt und anerkannt werden. Ordnung und Sauberkeit sind überall wichtig, weil sie Kindern helfen, die Gedanken zu ordnen und außerdem das Lernen erleichtern.

Tips für die richtige Wahl der Farben

Erfahrungsgemäß ist es nicht nur sinnvoll sondern auch kostensparend, wenn man bei den verschiedenen Arbeiten die jeweils geeigneten Farben verwendet. Allerdings ist das Angebot an speziellen Farben für bestimmte Zwecke so breit, daß die folgende Aufstellung nur einen groben Überblick vermitteln kann.

Malkästen, Fingerfarben, Farbstifte, Malstifte (dicke Minen), Wachsmalfarben (Stifte und Blöcke), Tafelkreiden, Faser- und Filzschreiber sind vielfältig anzuwenden. Papier, Pappe, Holz, Stein und andere Materialien können damit bemalt werden.

Sollen die fertigen „Werke" beständiger sein (d. h. zum Beispiel, daß sich die Farben nicht wieder abwischen oder herauswaschen lassen), so sind Farben mit entsprechenden Eigenschaften vorteilhaft. Werden große Flächen bemalt, sind beispielsweise Stifte oder Malkästen unwirtschaftlich.

Zum großzügigen Gestalten braucht man viel Farbe und sollte darum preisgünstige verwenden. Billig ist Leimfarbe, bei der Farbpulver und Leim mit Wasser gemischt werden. Außerdem sind Fingerfarben und fertige flüssige Malfarben (in größeren Flaschen erhältlich) geeignet. Auch Dispersionsfarbe ist möglich, jedoch ist sie giftig und weniger zu empfehlen.

Plakafarben sind zum Bemalen und Verzieren fast aller Materialien zu verwenden. Die recht dickflüssige Farbe ist wasserlöslich und kann vor Gebrauch noch verdünnt werden. Vom Handel wird eine breite Farbskala angeboten.

Lackfarben sind zum Dekorieren von Porzellan, Glas, Keramik, Holz, Metall oder Plastik geeignet. Man benötigt einen speziellen Verdünner. Nachteil: Lacke sind giftig.

Tuschen und Tinten gibt es in mehreren lasierenden und deckenden Farbtönen. Geeignet für Arbeiten mit Papier.

Stoffmalfarben können mit dem Pinsel auf Textilien aufgetragen werden. Auch zum Drucken und für andere Techniken geeignet.

Stoffarbe/Batikfarbe nimmt man zum Färben von Textilien in einem Farbbad.

Druckfarben: Erhältlich sind Stoffdruckfarben auf Ölbasis (zum Drucken mit Stempeln) und wasserlösliche für Siebdrucke auf Textilien. Speziell zum Drukken mit Holz, Linoleum, Kork und Gummi auf saugfähigem Papier ist „Japan-Aqua". Auch hier

gilt: Spezial-Druckfarben sind qualitativ besser, beim Spielen und Experimentieren jedoch nicht unbedingt nötig.
Zum Färben von getrockneten Blumen, Gräsern, Moos, Stroh oder Bast gibt es die speziellen Kreuloflor-Färbetabletten.

Abfallmaterial und Reste

Es lohnt sich, fast jedes beliebige Material zu sammeln und aufzubewahren.

Sortieren
Siehe Sortieren unter „Perlen", „Stoffreste" und „Maschinenteile".

Collagen/Applikationen
Siehe unter „Stoffreste und „Flaschenverschlüsse".

Mosaiken
Siehe Mosaiken unter „Perlen".

Reliefs
Die Reste werden auf einer stabilen Grundfläche zu einem Muster gelegt und festgeklebt, wobei verschiedene Stärken und Strukturen berücksichtigt werden. Die meisten Materialien halten mit Leim.

Durchreibebilder
(Siehe Durchreibebilder unter „Wachs".) Die verschiedenen durchgeriebenen Bilder von unterschiedlichen Materialien werden gesammelt.

Für diese „Abfallstempel" klebte ein 8jähriger Streichhölzer und Joghurtbecher-Deckelchen auf ein Stück Holz.

Drucken
Man verwendet einzelne Stücke. (Siehe Drucken unter „Borke", „Flaschenverschlüsse" und „Knöpfe".)
„Abfall"-stempel. (Siehe bei Drucken unter „Pappkartons".)

Bauten und Konstruktionen
Alle möglichen Reste können zu einem freistehenden Gebilde, auch in abstrakter Form, zusammengefügt werden. Man klebt ein Stück nach dem anderen mit Kompaktkleber aneinander. Falls Styropor verwendet wird, ist ein Spezialkleber erforderlich. (Siehe Konstruktionen unter „Styropor".)

Zwei verzierte Toilettenpapierrollen-Männchen schaukeln auf einem umgestülpten alten Uhrenaufsatz aus Holz.

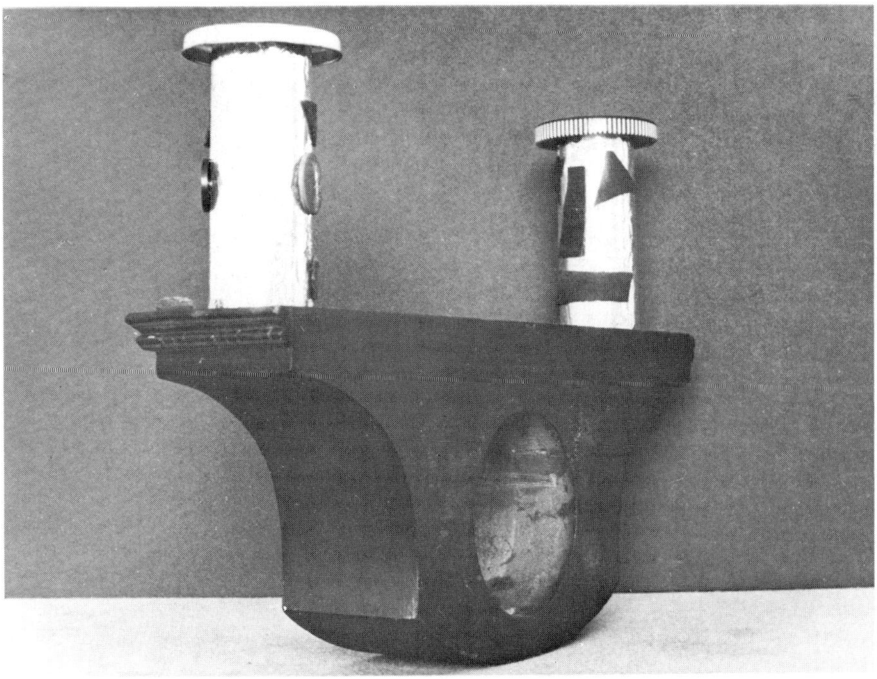

Puppen
Kleine Stücke können für Stabpuppen genommen werden. (Siehe Puppen unter „Garnrollen" und „Zweige".)

Masken
Man bastelt mit dem Bambusstock eine Stabmaske. Eine Augenmaske oder eine ganze Gesichtsmaske wird aus Karton ausgeschnitten. Sieben- und achtjährige Kinder sollten dazu in der Lage sein. Kleine Kinder sind vielleicht damit zufrieden, wenn sie einfach ein Gesicht auf ein viereckiges Stück Karton aufzeichnen. Die Löcher für Augen, Mund und Nase werden ausgerissen oder ausgeschnitten. Einzelheiten und Verzierungen werden aufgezeichnet oder aufgemalt. Collage kann einbezogen werden. An der Rückseite des Kartons wird ein längerer Bambusstock befestigt, damit man die Maske in der Hand halten kann. Man verwendet zum Befestigen Klebstoff oder Klebeband. Die Maske kann ein menschliches Wesen, ein Tier oder eine Fantasiegestalt darstellen. (Siehe auch Pappmachémasken bei „Luftballons".)

Reliefs
Verschieden starke und lange Bambusstöcke werden in einem Muster angeordnet und auf eine Grundfläche geklebt.

Bauten und Konstruktionen
Freistehende Formen entstehen, indem man nacheinander einzelne Stücke mit Kompaktkleber zusammenklebt. Durch „Verflechten" kann man auch ohne Klebstoff auskommen.

Farbschachtel
Siehe unter „Pappkartons".

Zeichenstock
Siehe Zeichnen unter „Schwamm".

Maske eines 7jährigen Kindes.

Ein ausgedienter Handfeger wurde mit Hilfe von Karton und Schnur zu einem ganz besonderen Steckenpferd.

Besenstiel

Nudelhölzer
Man sägt ein etwa 40 cm langes Stück von einem alten Besenstiel ab. Die Enden werden mit Sandpapier geglättet. Man kann das Stück zum Ausrollen von Modelliermasse beim Töpfern verwenden. Aus einem Besenstiel lassen sich vier oder fünf solcher Wellhölzer machen.

Steckenpferde
Der Kopf wird an einem Ende des Besenstiels mit Schnur, Klebstoff oder Heftklammern (letztere sollten nur vom Erwachsenen benutzt werden) befestigt. Der Kopf kann aus einer alten Socke oder einer Tasche, die mit Stoffresten oder Schaumgummi ausgestopft wurde, angefertigt werden. Für das Gesicht klebt oder näht man Stoffetzen auf. Stoffstreifen werden als Mähne an den Hinterkopf geklebt. Die Zügel sind aus bunten Bändern.

Es gibt unzählige verschiedene Blätter von Bäumen, Büschen und Blumen, Farne, Schilf und Gräser.

Anlaß für Gespräche
Gespräche können helfen, ein kritisches Bewußtsein für Art und Beschaffenheit von Blättern und Pflanzen zu entwickeln. Fragen über Gefühle fördern ein zunehmendes Wissen:
Wie fühlt sich das Blatt an?
– Kannst du die Form beschreiben? – Welche Blätter magst du aufgrund ihrer Farbe am liebsten? – Welches ist das kleinste/größte Blatt in der Sammlung?
– Von welchen Pflanzen stammen die Blätter? – Riecht eines der Blätter? Beschreibe den Geruch.

Collagen/Reliefs
Man kann mehrere Blätter oder Pflanzen zu Mustern oder Bildern legen und auf eine Grundfläche kleben. Der Deckel einer großen Schachtel oder Blechdose eignet sich gut und bietet gleichzeitig eine Begrenzung. Man sollte dazu die Blätter zwischen Büchern pressen und trocknen, das sieht schöner aus und die Bilder können nicht „welken“. Man kann eine Schutzschicht, z. B. Klarlack, überziehen. Sollte das nicht möglich sein, ließe sich auch ein Stück Seidenpapier oder Cellophan darüberlegen und auf der Rückseite des Bildes mit Tesafilm festkleben. Man kann auch selbstklebende, durchsichtige Folie darüberkleben. Mit farbigem Papier lassen sich interessante Effekte erzielen.

Abdrucke
Dafür eignen sich Blätter mit sehr scharfen Konturen und Strukturen (z. B. Roßkastanienblätter oder Farne). Man legt sie auf ein flaches Stück Ton oder Modelliermasse, darauf kommt eine Pappe oder ein dünnes Brett, und das Ganze wird vorsichtig gepreßt. Dann entfernt man vorsichtig das Blatt, dessen Abdruck in der Modelliermasse zurückbleibt. In größere Flächen kann man mehrere Blätter drükken, entweder mehrmals das gleiche oder aber verschiedene, nebeneinander, mit Zwischenräumen oder mit Überschneidungen.

Durchreibebilder
Durchreiben kann man: einzelne Blätter und Pflanzen, eine ganze Collage oder ein Grasgewebe (siehe unten). (Siehe Durchreibebilder unter „Wachs“.)

Drucken
Siehe Drucken in der Einleitung und unter dem Stichwort „Federn“.
Ein Blatt wird mit einer Walze

eingefärbt. Man legt ein sauberes Stück Zeitungspapier auf den Tisch, nimmt das Blatt und legt es mit der farbigen Seite nach unten auf dieses Papier. Dann rollt man mit einer sauberen Walze darüber (es ist ratsam, vorher noch ein sauberes Papier über das Blatt zu legen). Man entfernt das Blatt wieder, färbt es erneut ein und macht an einer anderen Stelle des Papiers einen weiteren Druck. Die einzelnen Drucke können sich auch überschneiden. Mit einem einzigen Blatt können so regelmäßige wie unregelmäßige Muster entstehen. Man kann natürlich auch verschiedene Blätter verwenden.

Gewebe

Mit Schilf, Gras und (widerstandsfähigen) Pflanzenstengeln kann man sehr schöne Sachen weben. Man legt das Pflanzenmaterial als „Kettfäden" nebeneinander und befestigt es mit Nadeln oder Klebeband. Andere Gräser werden eingewebt. Dann löst man die Befestigung und legt das Gewebe auf ein Stück Karton. Aus einem festen Papier gleicher Größe schneidet man ein Fenster heraus und klebt es als Rahmen darüber.

Blätterabdruck. Wasserlösliche Farbe aus der Tube wurde mit der Walze auf einer Glasplatte ausgerollt. Darauf wird erst das Blatt und dann das Papier für den Abdruck gelegt und fest aufgepreßt.

Verschiedene Blechdosen und deren Deckel werden aufbewahrt und gesammelt. Sie sollten vor Verwendung gut gereinigt werden. Etiketten lösen sich leicht durch Einweichen in Wasser. Blechdosen, die mit einem Dosenöffner aufgemacht wurden, sind ungeeignet, da Kinder sich leicht an den scharfen Rändern schneiden.

Sortieren
(Siehe Sortieren unter „Perlen".) Die Auswahl an Größen und Formen ist reichhaltig. Keks-, Kondensmilch- oder Farbdosen nicht vergessen!

Anlaß für Gespräche
Man kann mit Kindern über Spiegelung auf der Oberfläche der Dosen sprechen. Verzerrungen, die durch gewölbte Flächen hervorgerufen werden, bieten lustigen Anlaß zu Gesprächen und Spielen. Das Fassungsvermögen von verschiedenen Dosen kann erraten werden. Wird in eine kleine, breite Dose mehr hineingehen als in eine schmale, lange Dose?

Mischgefäße
Die Deckel sind als Mischbehälter für Farbe gut geeignet. Entweder mischt man sie auf einem großen Deckel oder man klebt mehrere kleinere Deckel auf ein Stück Holz zu einer Palette.

Aufbewahren
Dosen sind ideal zum Aufbewahren von verschiedensten Gegenständen. Beschriften (mit großen, klaren Buchstaben) nicht vergessen!

Reliefs
Die Dosen werden mit oder ohne Deckel in einem Muster auf eine feste Fläche (aus Preßspan oder Holz) geklebt. Sie werden in verschiedene Winkel zueinander gesetzt. Ihre unterschiedlichen Höhen und Weiten werden untersucht. Untergrund und Dosen können bemalt werden. Auch

Turmbau aus Blechdosen.

das Gewicht der fertigen Arbeit könnte zum Beispiel festgestellt werden.
Deckel können auch allein verwendet und zu einem Muster auf eine Grundfläche geklebt werden (Hartfaserplatte ist hier ausreichend).

Drucken
Kleinere Dosen und Deckel, insbesondere die mit interessanten Oberflächen, können als Stempel verwendet werden. Ein Schwamm (Kunststoff) dient als Stempelkissen. (Siehe Drucken unter „Schwamm".)
Man kann auch Schnur, ab und zu überkreuzt, um eine zylindrische Dose wickeln, das Ganze mit Farbe einstreichen (Pinsel oder mit Farbe getränkten Schwamm verwenden) und die Dose über Papier rollen. Das ergibt interessante und überraschende Abdrucke.

Bauten und Konstruktionen
Dosen und/oder Deckel werden nacheinander mit Kompaktkleber zu einer freistehenden Form zusammengeklebt.
Sie können auch zusammen mit anderen Materialien benutzt werden. Dabei dienen zylindrische Formen als Wagenräder oder Körper von Figuren und Tieren. Eckige Formen werden zu Häusern, Robotern oder Wagen zusammengeklebt. Die Dosen können vorher natürlich bemalt werden.

Bonbonpapiere

Wenn man Bonbonpapiere glättet und sammelt, ergeben sie schönes Spielmaterial.

Sortieren
Man sortiert nach Farben, Mustern und Materialien (Papier, Cellophan, Folie).

Collagen
Die Papiere können allein oder mit anderen Materialien zu einem Muster gelegt und aufgeklebt werden. Durchscheinende Papiere kann man übereinanderlegen.

Transparentbilder
Mit durchsichtigen farbigen Papieren kann man Dias basteln. Sollen sie in einen Diaprojektor passen, dürfen sie nicht mehr als 5 × 5 cm groß sein.
Für größere Arbeiten könnte man einen Overhead-Projektor nehmen. Man schneidet zwei Kartonstücke der gleichen Größe, etwa 25 × 20 cm, aus und schneidet in jedes an der gleichen Stelle ein Fenster. Oder man nimmt ein altes Laternengerüst. Die Bonbonpapiere werden erst mit durchsichtigem Klebstoff zusammengeklebt, so daß sie in die Öffnungen passen, und dann zwischen die Kartonrahmen geklebt. Diese Bilder kann man mit einem Projektionsgerät an die Wand werfen.
Man schneidet zwei Stücke brei-

Transparentbilder aus Bonbonpapieren werden auf durchsichtigen Untergrund geklebt. Man könnte das ganze Bild mit einem Overhead-Projektor an die Wand werfen.

ten Tesafilm (für kleine Bildchen) oder Klarsicht-Klebefolie und ein Stück Karton in der gleichen Größe aus. In den Karton ein Fenster mit einem mindestens 2 cm breiten Rand schneiden. Die Klebefolie wird mit der klebenden Seite nach oben auf den Tisch gelegt und darauf der Karton. Die Bonbonpapiere werden in das Fenster eingefügt. Die Arbeit wird durch Aufkleben einer zweiten Folie fertiggestellt. Auch dieses Transpartentbild kann man an die Wand projizieren. Andere durchscheinende Materialien wie Seidenpapier, Nylon, Cellophan und Blätter können mit den Bonbonpapieren zusammen verwendet werden.

Bunte Glasfenster

Größere Transparentbilder können mit Klebstoff oder Tesafilm ans Fenster geklebt werden. Ein Stück Karton genügt, um die Bonbonpapiere einzurahmen, was bei einer Gruppenarbeit sicher sinnvoller ist, denn Folien sind teuer. Wieder können verschiedene Materialien mit den Papieren zusammen verwendet werden. Auch Seidenpapier eignet sich sehr gut.

Borke

Man kann sie auf Spaziergängen sammeln. Es ist wichtig, den Kindern anzugewöhnen, nur Borke vom Boden oder von gefällten Bäumen zu nehmen.

Anlaß für Gespräche
Borke kann nach Farben sortiert werden. (Siehe Sortieren unter „Perlen".) Wichtig sind Betrachtung und Benennung der Farben, wie auch die Unterscheidung der Bäume, von denen sie stammt.
Wie fühlt sich Borke an? Fühlt sie sich genauso an, wie sie aussieht?

Durchreibebilder
Siehe Durchreibebilder unter „Wachs".

Reliefs
Man wählt Borkenstücke, die verhältnismäßig eben aufliegen. Die Stücke werden zu einem Muster gelegt und auf eine feste Grundfläche (z. B. Hartfaserplatte oder Preßspan) geklebt.

Drucken
Es werden flache Borkenstücke mit interessanter Struktur ausgewählt. Die Farbe wird mit einem Pinsel aufgetragen, oder man verwendet ein Stempelkissen. (Siehe Drucken unter „Schwamm".) Danach legt man entweder ein Stück Zeitungspapier über die eingefärbte Borke und drückt mit der Hand darauf, oder man nimmt die Borke in die Hand und preßt sie mit der eingefärbten Seite auf das Papier. Auch große Briefumschlagrückseiten, Stoffreste und aufgeschnittene Papiertüten können hierzu verwendet werden.

Jeder wird in einem Stück Borke ganz andere und neue Formen und Figuren entdecken.

Aufbewahren und Sortieren
Man kann sie als Behälter für Sammlungen von Kleinkram benutzen. Für zerbrechliche Dinge werden sie mit Seidenpapier oder Watte ausgelegt. In ihnen kann man auch Perlen nach Farben sortieren oder Schrauben, Muttern und Nägel aus der Werkzeugkiste neu einordnen.

Eierschachtelmaske einer 3jährigen, mit Filzstift verziert.

Leere Eierkartons können zu herrlichen und vielfältigen Konstruktionen anregen.

A
A

Zeichnen/Malen
Die Innen- und Außenflächen können mit Pulver- oder Plakafarbe bemalt werden. Auch Tinte ist möglich. Filz- oder Buntstifte (ungiftig) eignen sich gut zum Daraufzeichnen, genau wie Pastell- oder Wachsmalstifte.

Drucken
Man nimmt einen einzelnen Abschnitt und drückt mit der Grundfläche auf Papier. Man kann ein sich wiederholendes Muster oder ein Bild versuchen. Bei diesen Drucken kann man auch andere Materialien mitverwenden. Ein Stück Schwamm als Stempelkissen ist sinnvoll. (Siehe Drucken unter „Schwamm".)

Reliefs
Es werden ganze oder halbe Schachteln oder einzelne Abschnitte zu einem Muster angeordnet. Sie können ganz nahe beieinanderliegen und die Grundfläche vollständig verdekken, oder es werden Zwischenräume gelassen. Diese Zwischenräume werden bemalt oder für Collagen genutzt. Es können auch verschiedene Lagen übereinandergeklebt werden. Kleine Wandabschnitte kann man damit regelrecht „tapezieren".

Bauten und Konstruktionen
Ganze oder halbe Schachteln werden zusammengesetzt. Man sollte Kompaktkleber verwenden, da es wichtig ist, daß die Stücke fest zusammenkleben, bevor man weitere Teile an die Konstruktion fügt.
Man kann riesige Gebilde bauen, wenn man die Eierschachteln auf Pappkarton klebt. Auf diese Weise entsteht z. B. ein aufregender Totempfahl.
Einzelne Abschnitte der Behälter dienen als Nase und Augen.
Eierschachteln können dabei bemalt oder bedruckt werden, man kann darauf zeichnen oder sie mit Collagen verzieren.
Einzelne Teile lassen sich mit Streichhölzern oder Zahnstochern zu größeren Gebilden zusammenfügen. Jeweils an den Innenseiten festkleben! Sie lassen sich auch auf- oder ineinanderstecken (dazu werden Schlitze in die Seiten geschnitten).

Eierschalen

Hier kann man mit zerbrochenen halben Schalen, ausgeblasenen Eiern und selbst Schalenbröseln etwas anfangen.

Ausgeblasene Eier
Mit Vorsicht handhaben. Zum Bemalen auf den Eierkarton setzen oder auf eine Stricknadel oder ähnliches aufspießen. Bemalt werden sie am einfachsten mit Filzstiften.

Reliefs
Halbe Eierschalen werden aufrecht oder mit den Seiten auf eine Grundfläche geklebt. Die sich berührenden Stellen klebt man aneinander. Nimmt man kleinere Stücke, bekommt man eine einheitlichere Oberfläche. Einige der halben Schalen können als Kontrast dazwischengesetzt werden. Die Oberfläche kann bemalt werden (mit weichem Pinsel), oder man zeichnet mit einem ungiftigen Filzstift. Vor dem Bemalen muß der Klebstoff gut getrocknet sein, damit alle Teile festsitzen.

Mosaiken
Zerbröckelte Eierschalen kann man in bunten Farben bemalen und dann zu hübschen Mosaiken zusammenstellen.

Hier wird gerade mit Filzstift ein Schlangengesicht auf die Eierschale gemalt.

Federn

Kinder sollten aufgefordert werden, bei Spaziergängen Federn zu suchen und zu sammeln.

Sortieren
Es kann sortiert werden nach Größe, Form, Farbe, Zeichnung und Struktur. (Siehe Sortieren unter „Perlen".)

Drucken
Man legt eine schön geformte Feder auf ein Stück Papier. Dann rollt man Farbe darüber. (Siehe Drucken unter „Pappkartons".) Anschließend kann man die Feder auf eine andere Unterlage legen und ein weiteres Papier daraufdrücken.

Ein Wundervogel aus der Federsammlung von Benjamin. Er hat die Federn in einen zuvor zugeschnittenen Styroporkörper gesteckt.

Wasserlösliche Tinte wird auf eine Farbplatte gedrückt und ausgerollt. Die Feder wird durch Rollen eingefärbt . . .

. . . auf ein sauberes Stück Papier gelegt und . . .
. . . mit einem Blatt Papier bedeckt.

Nun wird mit der sauberen Rolle über die Papierrückseite gerollt. Gut aufdrücken. Gleichzeitig Papierunterlage festhalten.

Der fertige Abdruck.

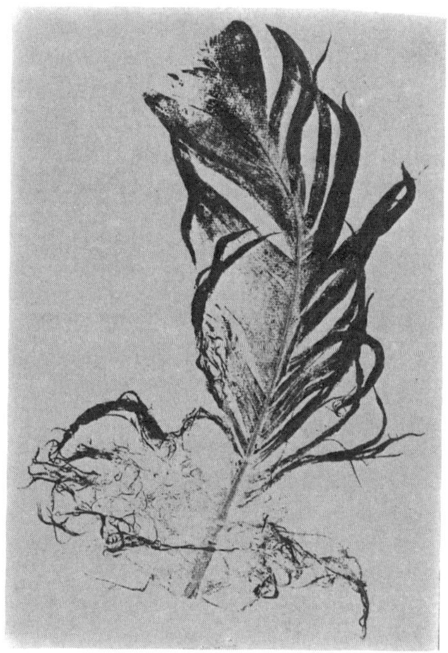

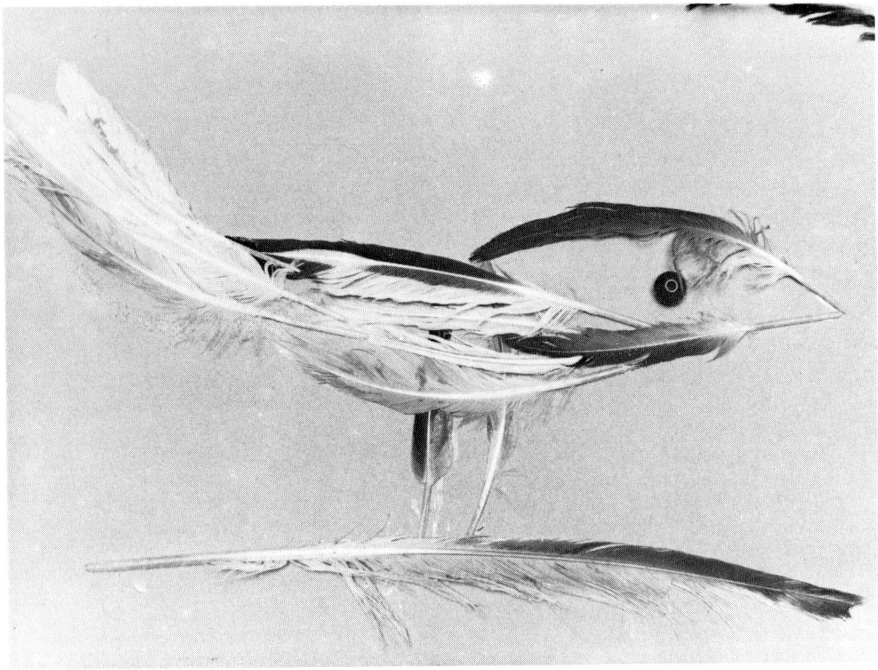

Oder man gibt etwas Farbe auf ein Stück Linoleum, Glasplatte oder lackiertes Holz und rollt sie gleichmäßig aus. Die Feder wird auf die Farbe gelegt. Darüber kommt ein Stück Papier, dessen Rückseite man mit einer sauberen Walze oder einem Teelöffel bearbeitet. Dort, wo die Feder liegt, behält das Papier seine ursprüngliche Farbe.

Collagen
Verschiedenste Federn werden auf einem festen Papier oder Karton zu einem Muster gelegt und mit klar trocknendem Klebstoff aufgeklebt. Auch andere Materialien können hinzugezogen werden.

Applikationen
Federn eignen sich auch für Applikationen auf Stoff.

Zeichnen/Malen
Man kann mit Federkiel und Farbe oder Tusche zeichnen. Steife Kiele eignen sich besser und können zugespitzt werden.
Mit dem anderen Ende der Feder wird gemalt. Wird langsam trocknende Farbe verwendet, kann man auch feine, interessante Abdrucke machen. Die Kinder sollen selber entdecken, was alles möglich ist. Zeitungspapier ist gut, Zeichenkarton noch besser.

Flaschen

Glas- und Kunststoff-Flaschen sind gleichermaßen geeignet.

Anlaß für Gespräche
Flaschen haben verschiedene Formen und Größen und sind aus unterschiedlichem Material. Man kann sie umfassen und sagen, wie sie sich anfühlen. Man kann durch Schnuppern den einstigen Inhalt erraten.
Flaschen vermitteln ein Gefühl für Hohlraum.

Aufbewahren
Flaschen eignen sich, um Tinten, Farben, Färbemittel und Klebstoff aufzubewahren.

Nudelhölzer
Flaschen mit zylindrischer Form kann man zum Ausrollen von Knet oder Modelliermasse verwenden. Vorsicht bei Glasflaschen! Sie werden am besten nur von Erwachsenen verwendet.

Bauten und Konstruktionen
Hierzu sollten nur Plastikflaschen verwendet werden. Es gibt viele Möglichkeiten, sie z. B. für Türme oder Ferngläser zu nehmen. (Siehe Konstruktionen unter „Kunststoffbehälter".)

Pappmaché
Eine Flasche mit einer glatten Oberfläche und einem weiten Hals kann als Grundform für Figuren und Tiere dienen. Fünf oder sechs Schichten Pappmaché sind für ein festes Gebilde notwendig. (Siehe Pappmaché unter „Luftballons".) Für den Kopf wird Zeitungspapier zu einem Ball zusammengedrückt und mit in Kleister getauchte Zeitungspapierstreifen umwickelt. Wenn der Körper trocken ist, wird die Flasche herausgezogen und der Kopf mit bekleisterten Streifen befestigt, die den Hals bilden. Wenn die ganze Figur getrocknet ist, kann sie angemalt oder mit Stoffresten verziert werden.

Flaschenverschlüsse

Es gibt sie in verschiedenen Größen, Farben und Materialien.

Sortieren
Kinder können sie in verschiedene Gruppen einteilen. (Siehe Sortieren unter „Perlen".)

Drucken
Als Stempelkissen dient ein Stück Schwamm in einem flachen Gefäß. (Siehe Drucken unter „Schwamm".) Mit beiden Seiten eines Verschlusses kann auf Papier oder Karton, auf alte Schachteln (Innen- und Außenseiten), Folien und Briefumschläge gedruckt werden. Dabei den Verschluß auf die Fläche, die bedruckt werden soll, drücken.

Reliefs
Man nimmt Metall- und/oder Plastikverschlüsse, legt sie zu einem Muster oder Bild und klebt sie auf eine Holz- oder Pappfläche. Sie können mit den Innenseiten nach außen oder umgekehrt und in unterschiedlichen Abständen aufgeklebt werden. Grundfläche, die frei bleibt, kann zusätzlich noch angemalt werden. Man kann auch mehrere verschiedene Verschlüsse über-

Relief aus ganz verschiedenen Flaschenverschlüssen.

einanderkleben und bestimmte Teile mehr herausragen lassen.

Collagen
Flachere Verschlüsse können zu einem flächigen Muster auf festes Papier oder Karton aufgeklebt werden. In der Fantasie der Kinder werden Verschlüsse auch rasch zu allem möglichen Beiwerk wie Augen, Köpfen, Rädern für Autos und Kutschen oder zu Geld.

Mosaiken
Man legt ein Muster oder Bild und drückt die Verschlüsse in Modelliermasse oder Knet. (Siehe Mosaiken unter „Perlen".)

Abdrucke
In Modelliermasse oder Knet werden viele Flaschenverschlüsse eingedrückt, so daß sie ihren Abdruck hinterlassen. Man kann Blöcke und Platten formen und Muster mit Zwischenräumen oder Überschneidungen eindrücken.
Mit einem Abdruck, der auf einem kleinen Block gemacht wurde, läßt sich wiederum drukken. Der Abdruck am Block wird mit Farbe eingestrichen und auf die Fläche, die bedruckt werden soll, gepreßt. (Siehe Drucken unter „Borke".)

Fliesen

Fliesenreste aus Kunststoff, Linoleum, Kork, Holz, Stein oder Keramik sind sehr geeignetes Arbeitsmaterial.

Sortieren
Man kann die Fliesen sortieren nach Naturstoffen (Kork, Holz, Stein, Keramik) und nach Kunststoffen. (Siehe Sortieren unter „Perlen" und „Stoffreste".)

Fingermalen
Siehe Fingermalen unter „Resopal".

Drucken
Man kann auf Fliesen aus Kunststoff oder Stein, mit glatter Oberfläche, Farbe mit einer Walze ausrollen (siehe Drucken

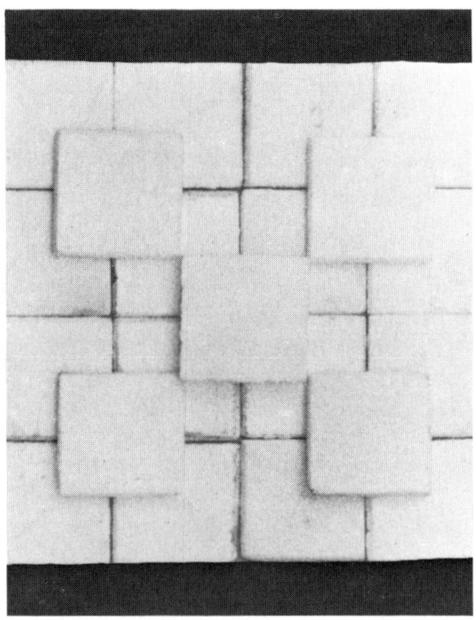
Relief aus Styroporfliesen.

unter „Pappkartons" und „Federn") oder sie für Monotypie einsetzen (siehe Fingermalen unter „Resopal").

Paletten
Auf den Fliesen können Farben gemischt werden, allerdings nur auf nicht saugfähigen Flächen.

Reliefs
Die Fliesen werden in einem Muster auf eine Grundfläche geklebt. Die verschiedenen Materialien können einzeln oder zusammen verwendet werden. Styropor oder Kork bilden einen guten Kontrast zu Keramik oder glatten Kunststoff-Flächen. Für Styropor speziellen Klebstoff verwenden.

Bauten und Konstruktionen
Aus Fliesen kann man Fantasiebauten wie auch Häuser, Autos, Zäune, Garagen und Geschäfte machen. Es können aber auch Dinge entstehen, die die Erforschung des verwendeten Materials zum Zweck haben. Abstrakte Formen entstehen und werden später in Fantasiespielen verwendet.
Die Konstruktionen werden durch Stecken, Verhaken, Kleben, Klammern oder Nageln gehalten.

Gardinenringe

Es gibt Ringe aus verschiedensten Materialien und in unterschiedlichsten Größen. Es lohnt sich, auch hier eine Sammlung anzulegen.

Abdrucke von Gardinenringen in Knetmasse.
Arbeit eines 4jährigen.

Sortieren
Die Ringe werden nach Größe, Dicke und Material (Plastik, Metall, Holz) geordnet.

Drucken
Man drückt einen oder mehrere Ringe in einen kleinen Block aus Modelliermasse und klebt diesen an ein Stück Holz oder auf einen festen Karton. Zum Drucken benutzt man ein Stempelkissen. (Siehe Drucken unter „Schwamm".)

Abdrucke
Einer oder mehrere Ringe werden in einen Block aus Modelliermasse gedrückt. Durch Zwischenräume oder Überschneidungen entsteht ein Muster. Die Ringe werden wieder entfernt. (Siehe Abdrücke unter „Flaschenverschlüsse".) Man kann mit diesen Abdrucken auch drucken. (Siehe Drucken unter „Borke".)

Reliefs
Aus verschieden großen Ringen wird ein Muster gelegt. Kinder machen dies sehr gerne. Wenn ihnen ein Muster gefällt, wird es auf eine Grundfläche geklebt. Ringe können sich überschneiden und so in verschiedenen Lagen übereinandergeklebt werden. Man sollte hierzu vielleicht Kompaktkleber verwenden.

Garnrollen

Gebraucht werden alle Garnrollen – ob aus Holz oder aus Plastik.

Garnrollendrucke auf schwarzem Papier. Werk einer 5jährigen.

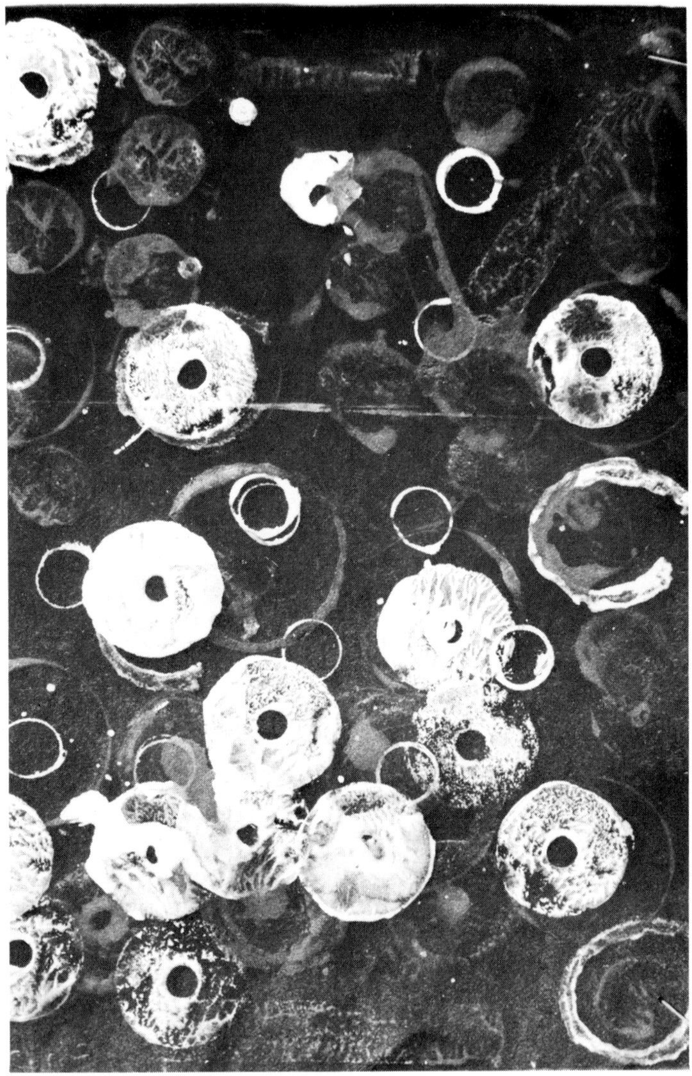

Puppen
Aus Garnrollen lassen sich lustige kleine Gestalten herstellen. Eine Garnrolle eignet sich gut als Puppenhals, besonders für Stabpuppen, wobei man den Stab durch das Loch steckt. Falls notwendig, können Hals und Kopf mit Pappmaché verbunden werden. Oder man klebt ein Stück Stoff als Halskrause oder Kleid über den Ansatz. Der Kopf kann aus Modelliermasse gerollt werden. (Siehe Puppen unter „Zweige".)

Drucken
Man kann die Enden oder Seiten einer Garnrolle auch zum Drukken verwenden. Oder auch nur eine in Farbe getauchte Rolle über Papier kullern lassen. (Siehe auch Drucken unter „Borke".) Die Drucke können sich überschneiden oder weiter auseinandergesetzt werden. Durch Drucken einer hellen Farbe auf dunklem Grund lassen sich interessante Effekte erzielen.

Farbsäulen
Jede Garnrolle wird angemalt. Einige könne auch mit Mustern versehen werden. Sie werden dann übereinandergestellt oder zu den verschiedensten Gebilden, z. B. Pyramiden, zusammengesetzt. Einzelne Säulen werden aus Rollen einer Farbe gemacht. Kinder versuchen vielleicht, diese in eine bestimmte Folge zu stellen. Als Vorübung zum Zählen kann man Kinder die Rollen in Gruppen sortieren lassen, z. B. fünf von jeder Farbe. Beständigere Gebilde (sogar kleine Rechenschieber) entstehen, wenn man einen Stab oder

ein Stück Bambus durch die Löcher schiebt. Die Enden werden mit Klebeband oder Modelliermasse verdickt, damit die Rollen nicht herunterrutschen können. Die Halterung muß aber auch leicht wieder zu entfernen sein, damit man die Folge abändern kann.

Bauten und Konstruktionen
Garnrollen eignen sich für Türme und Säulen. Sie können lose aufeinandergesetzt oder -geklebt werden und als Leuchttürme, Spähtürme, Litfaßsäulen usw. dienen.
Sie können zusammen mit anderen Materialien als Räder, Raupen oder Drachenaugen benutzt werden.
Man kann auch durch Zusammensetzen verschiedener Rollen Gebilde kleben, indem man sie übereinander-, in verschiedenen Winkeln zueinandersetzt. Man klebt sie nacheinander mit Kompaktkleber fest.

Gemüse

Dazu gehören Kartoffeln, Karotten, Rüben, Zwiebeln, Kohl und dicke Bohnen.

Anlaß für Gespräche
Es werden Farben, Formen und Strukturen beschrieben.
Wie wurde das Gemüse angebaut?
Wie wurde es geerntet: gepflückt, gezogen oder ausgegraben?
Wie schmeckt es?
Verwendet man eines der Gemüse außer zum Essen auch noch für andere Zwecke?
Aus welchen Gemüsen können Färbemittel gemacht werden?
Kartoffeln zum Beispiel haben eine Schale, eventuell Augen oder kleine Triebe. Was ist eßbar? Wie fühlen sie sich an? Innen sind sie feucht. Kartoffelstärke wird beim Trocknen weiß. Was bleibt an den Fingern?

Bauten und Konstruktionen
Verschiedene Gemüse können mit Hilfe von Zweigen und Zahnstochern zusammengefügt werden. Möglichst nur feste Sorten nehmen.
Kartoffeln eignen sich besonders gut. Sie können als Grundkörper benutzt werden, in die man weitere Teile hineinsteckt oder auch als Sockel für eine Form oder Figur. Streichhölzer und kleine Zweige sind Arme und Beine, auch Federn, Blätter und Zahn-

stocher lassen sich gut hineinstecken. Verzierungen wie Augen oder Mund können eingeschnitten werden. Auf diese Art kann man lustige ,,Gemüsemännchen" basteln.

Schnitzen
Man nimmt feste Gemüse. Mögliche Werkzeuge für Kinder sind Teelöffel, Plastikmesser oder Holzspachtel. Ältere Kinder können auch, wenn sie vorsichtig sind, unter Aufsicht mit schärferen Dingen wie Kartoffelschälern, Apfelausstechern oder Federmessern arbeiten.

Drucken
Die meisten Gemüse eignen sich zum Drucken. Einige sind natürlich haltbarer als andere. Kartoffeln, Rüben, Karotten und Kohlrabi sind geeignet. Darauf achten, daß ,,handliche" Formen ausgeschnitten werden.
Mit dem Stück Kartoffel wird auf eine glatte Fläche gedruckt. Durch Wiederholen bekommt man ein gleichmäßiges, flächi-

Kartoffeldruck einer 3jährigen.

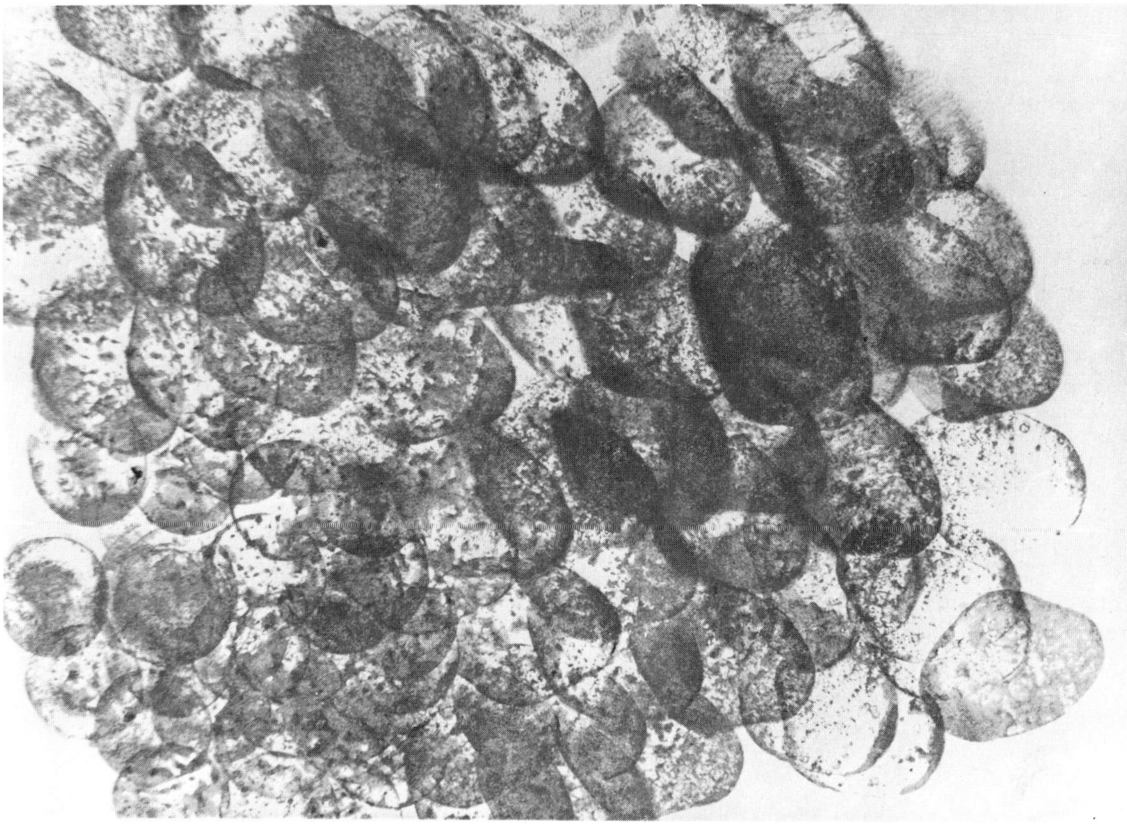

ges Muster. Aus einer Kartoffel können sehr viele verschiedene Motive geschnitten werden, mit denen es wiederum viele Mustermöglichkeiten gibt. Jeder Abdruck kann ein- oder mehrfarbig erscheinen. Die einzelnen Motive können sich überschneiden oder in Abständen nebeneinandergesetzt werden.

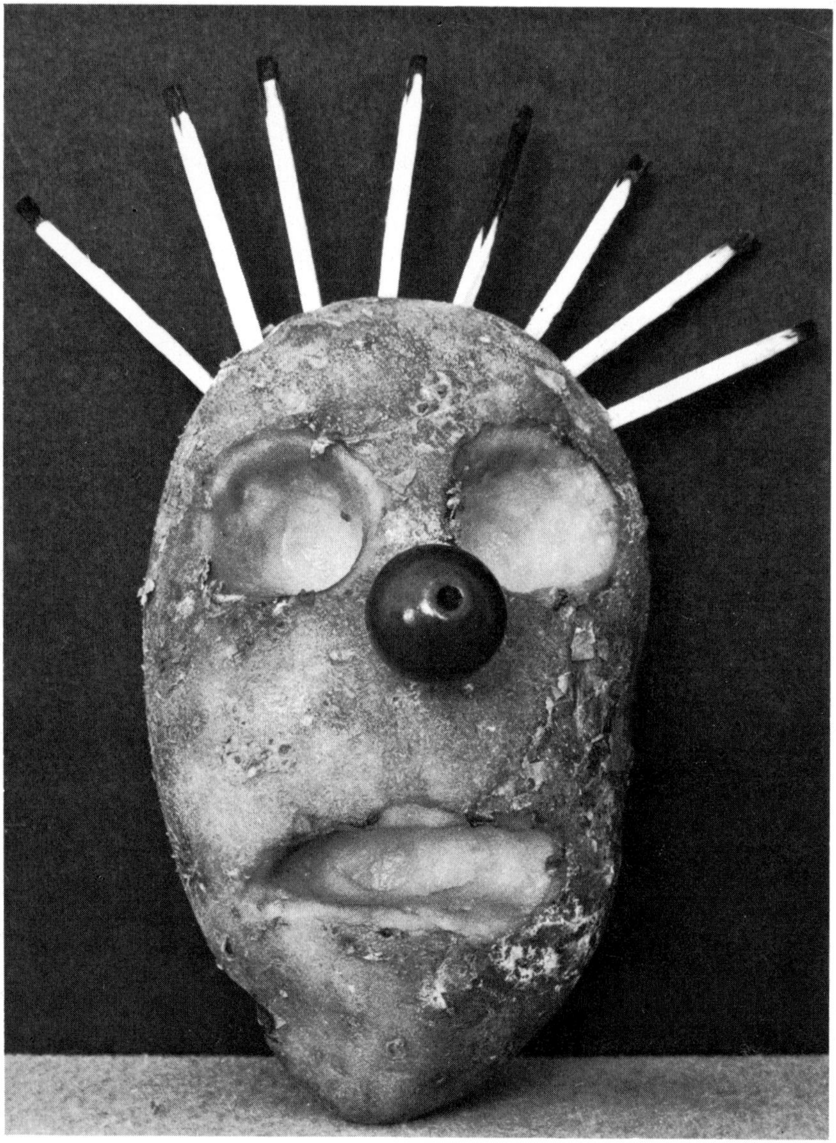

Geschirrspülmittel

Sgraffito
Siehe Sgraffito unter „Wachs". Wenn man den Deckfarben etwas Geschirrspülmittel beigibt (Verhältnis Farbe: Spülmittel ist 5:1), kann man damit Wachskreidemalereien überstreichen, die normalerweise wasserabstoßend sind.

Abdrucke von Seifenblasen
Siehe unter „Stroh".

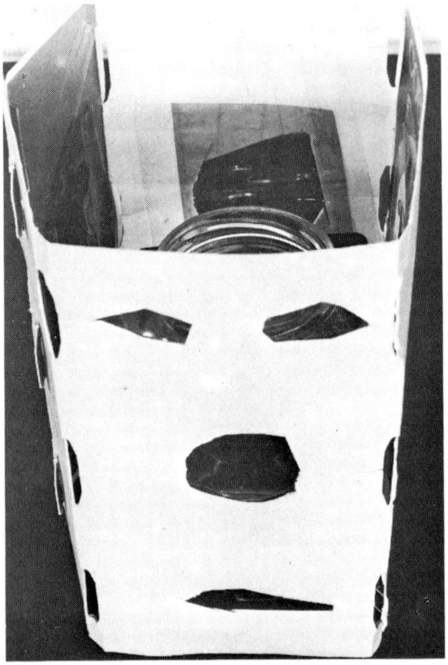

In dieser Laterne steht ein Glas, in das eine Kerze gestellt wurde.

Glasbehälter

Alle Sorten lassen sich verwenden: klare und gefärbte, mit glatter und rauher Oberfläche.

Aufbewahren
Perlen, Korken, Streichhölzer und viele der anderen Materialien, die dieses Buch behandelt, können in Gläsern aufbewahrt werden. Haben sie Schraubdeckel, kann man darin Farben und Klebstoffe luftdicht verschlossen aufbewahren. Für die Farben ungefärbte Gläser nehmen, damit man die Farbe von außen sofort erkennen kann.

Wasserbehälter
Mit etwas Übung sind Kinder auch in der Lage, mit Glasbehältern vorsichtig umzugehen. Wenn beim Malen auf der Arbeitsfläche genug Platz ist, sollte man zwei oder drei Wassertöpfe aufstellen, damit man sie nicht so oft auswechseln muß.

Nudelhölzer
Gläser mit zylindrischer Form können zum Ausrollen von Ton und Modelliermasse benutzt werden. Allerdings ist ein richtiges Nudelholz besser und geeigneter für Kinder. Falls es nicht zur Verfügung steht, kann man den Ton auch mit der Hand flachdrücken oder mit einer Flasche ausrollen.

Laternen
Siehe Laternen unter „Pappkartons".

Rechte Seite:
Einsatz von Gummiband bei Tauchbatik:
a) Stoff in der Mitte hochnehmen und mit Gummiband abschnüren
b) Stoff zweimal abbinden
c) Abbinden mit innenliegendem Kieselstein
d) mehrere Steine werden abgebunden
e) eine Garnrolle einbinden und rundherum an 4 weiteren Stellen abschnüren
f) Stoff falten, bevor er abgebunden wird.

Grußkarten

Zeichnen/Malen/Drucken
Man druckt, zeichnet oder malt auf saubere, unbenutzte Flächen.

Collagen
Die Grußkarten werden in kleinere Stücke gerissen oder geschnitten (Kenntnisse im Umgang mit der Schere und Aufsicht sind notwendig). Dann werden die Teile auf Papier oder Karton zu einem neuen Bild zusammengeklebt.

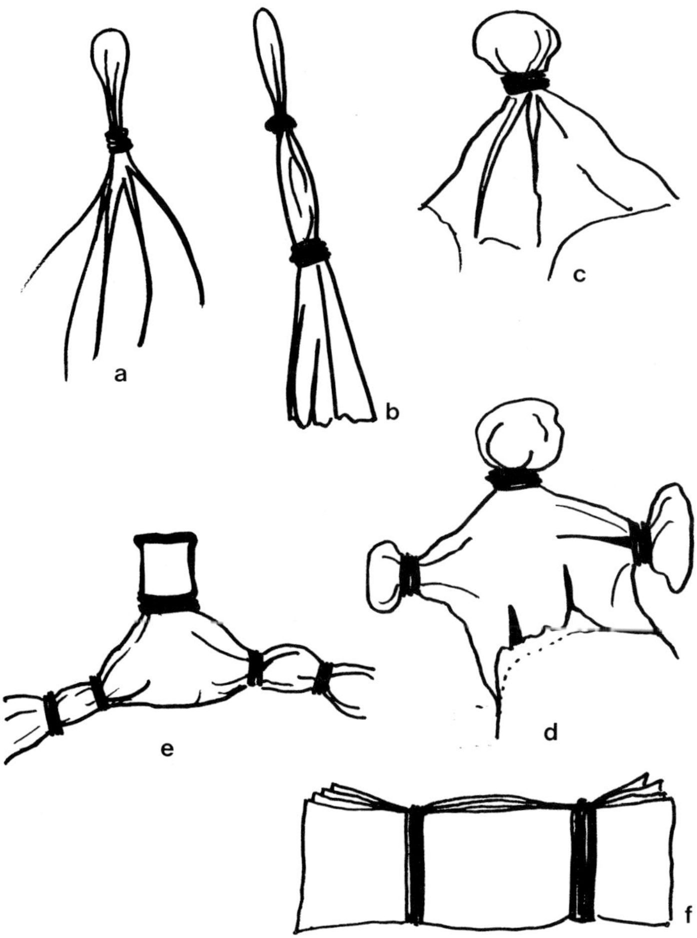

Gummibänder und -ringe

Tauchbatik (Plangi)
Ein Stoffstück wird an verschiedenen Stellen mit Gummiband abgebunden. Je fester man bindet, um so kräftiger wird das Muster. Gummibänder zu verwenden ist besonders bei kleinen Kindern sinnvoll, die noch nicht in der Lage sind, in Schnur feste Knoten zu machen. (Siehe Tauchbatik unter „Stoffreste" und „Steine".)

Modellieren
Siehe Modellieren unter „Zeitungspapier".

Siebdruck
Man befestigt Seide, Nylon oder Baumwollstoff über einer Pappröhre. (Siehe Drucken unter „Nylonstrümpfe" und Siebdruck unter „Wachs".)

Man nimmt Abfallstücke, die bei Arbeiten zuhause übriggeblieben sind oder besorgt sie sich von einem Schreiner.

Reliefs
Hartfaserplatten können als Grundfläche für andere Materialien verwendet werden.
Kleine Teile legt man zu einem Muster und klebt sie auf ein größeres Stück Hartfaserplatte auf.

Bauten und Konstruktionen
Kleine Stücke können zu einer freistehenden Form gesteckt oder geklammert, aufeinandergesetzt oder mit Klebstoff zusammengefügt werden. Das Gebilde wirkt durch Farbe, Struktur und Form der Stücke.
Oder man macht eine Hütte, eine Scheune oder andere Bauten daraus.

Zeichenplatte
Die glatte Seite eignet sich gut als Zeichenunterlage. Rauhe Kanten werden mit Sandpapier geglättet. Mit Wäscheklammern, Reißzwecken oder Klebeband wird das Papier auf der Unterlage befestigt. Eine Hartfaserplatte, die 30 × 40 cm mißt, ist sehr breit einsetzbar.

Malen
Beide Seiten der Platte können bemalt werden. Man sollte jedoch die rauhe Seite erst mit

Borke auf Hartfaserplatte. Einmal wurde die Außenseite, einmal die Innenseite der Borke auf dem Untergrund festgeklebt.

Grundierung vorstreichen, denn eine glatte Fläche ist leichter anzumalen, und sie saugt auch die endgültige Farbe nicht mehr so auf.

Holz

Aus Holz gibt es Klötze, Stäbe, Bretter, Latten, Balken, Planken, Blöcke, Kisten, Hobelspäne und Holzwolle. Für die meisten Arbeiten reichen Abfallstücke aus.

Anlaß für Gespräche
Siehe unter „Borke“, „Knochen“ und „Blätter“.

Bauelemente
Man nimmt etwa gleichgroße Klötze, schleift die rauhen Kanten mit Sandpapier ab und bemalt sie. Dann können die Stücke als Bauklötze zum Spielen verwendet werden. Sie werden nach Farben sortiert, indem man zum Beispiel Türme aus nur einer Farbe baut.

Verschiedenfarbig bemalte Holzteile werden zu Konstruktionen ineinandergeschoben.

Konstruktion aus selbstgebastelten Holzklötzen.

Mit kleinen Gegenständen kann man besser drucken, wenn sie auf einen Druckstock aus Holz aufgeklebt sind. Das 3jährige Mädchen auf dem Bild hat ihre Knöpfe jeweils mit einem in Deckfarbe getauchten Pinsel eingestrichen.

Malen
Holzflächen, besonders wenn sie mit einer Vorstreichfarbe grundiert werden, eignen sich zum Bemalen. Ein altes Möbelstück, etwa ein Stuhl oder ein ausgediente Kommode, bieten sich natürlich ideal dazu an.

Bauten und Konstruktionen
Eine Holzkiste wird so aufgestellt, daß man in das Innere sehen kann. Darin werden alle möglichen interessanten Objekte angeordnet und festgeklebt. Die einzelnen Kisten können jeweils verschiedene Dinge aus ein und demselben Material beherbergen.
Aus Holzstücken in gleichen oder verschiedenen Größen und Formen werden freistehende Figuren zusammengebaut. Zum Kleben Holzleim verwenden.

Drucken
Holzstücke mit ausgeprägter Maserung sind interessante Druckstöcke. (Siehe Drucken unter „Borke“.)
Ein anderer kleiner Gegenstand, etwa ein Knopf oder ein Flaschenverschluß, wird auf ein handgerechtes Stück Holz aufgeklebt. Zum Drucken verwendet man ein Stempelkissen. (Siehe Drucken unter „Schwamm“.)

Durchreibebilder
Durchreibebilder können von verschiedenen Holzmaserungen gemacht werden. (Siehe Durchreibebilder unter „Wachs“.)

Reliefs
Holzreste werden zu einem Muster gelegt und auf eine stabile Grundfläche (Preßspan- oder Sperrholzplatte) geklebt.

Hobelspäne dienen als Verzierung von Reliefs und Collagen. Kinder verwenden sie gerne als Haare, Wolken, Wellen oder Schaflöckchen. Hobelspäne sind aber aufgrund ihrer Struktur, Farbe und Form auch allein interessantes Gestaltungsmaterial.

Aufbewahren
Holzstücke werden ordentlich gestapelt. Holzkisten dienen als Regale für Bücher, Spielzeug und Sammlungen, oder man bewahrt in ihnen kleine Gegenstände wie Maschinenteile, Borke, Zweige und Stoffreste auf.

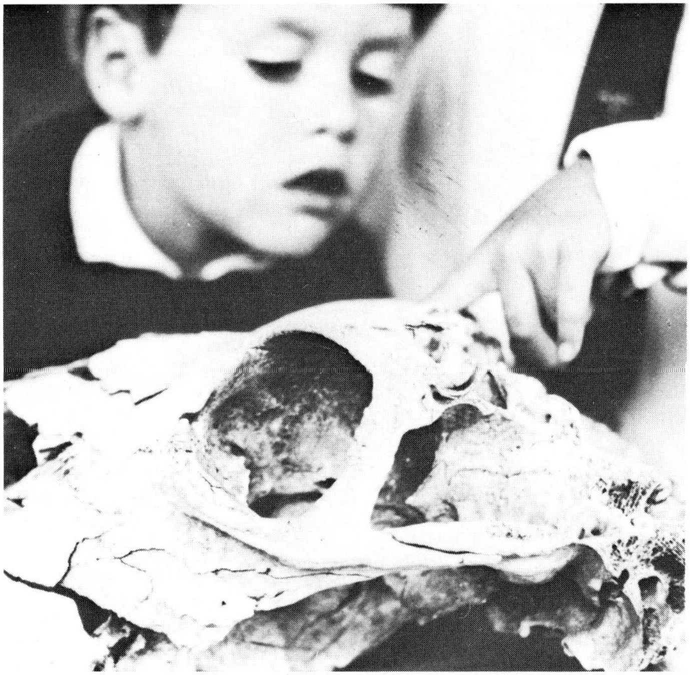

Knochen

Man sollte nur ganz saubere Knochen verwenden, die außerdem durch Kochen desinfiziert wurden.

Anlaß für Gespräche
Ausgangspunkte können sein: Was für eine Form hat der Knochen? (Vorschläge von Kindern waren folgende: wie ein Gewehr, ein Hammer, ein Fisch.) – Von welchem Tier stammt er? – Wie und wo lebt dieses Tier? – Wie fühlt sich der Knochen an? – Wie fühlst du dich, wenn du ihn ansiehst? (Fröhlich, traurig, ängstlich, kalt – waren Äußerungen von Kindern.)

Reliefs
Man wählt Knochen, die gut zusammenpassen. Sie werden zu einem Muster gelegt und auf eine feste Grundfläche geklebt.

Halsketten
Kleine Knochen und Knochenteile ergeben sehr hübsche und fantasievolle Ketten.

Knochen, die man auf Spaziergängen findet, sind gute Anknüpfungspunkte für Gespräche.

Collagen
Knöpfe können allein oder zusammen mit anderen Materialien verwendet werden. Ein Knopfmuster wird auf eine Fläche geklebt, oder man verziert Konstruktionen und Modelle und setzt sie z. B. als Augen, Nasenlöcher, Ohren und ähnliches ein. (Sie können aufgenäht oder aufgeklebt werden – Vorsicht mit Nadeln.)

Drucken
Man klebt einen interessanten Knopf auf einen handgerechten Holzblock oder drückt den Knopf in einen Block aus Modelliermasse. Zum Drucken verwendet man ein Stempelkissen. (Siehe Drucken unter „Schwamm".)
Knebelknöpfe können ohne Block gehalten werden. Der eingefärbte Druckstoff wird auf die Fläche gesetzt, die bedruckt werden soll. Sich wiederholende Muster sind günstig.

Sortieren
Es wird in Gruppen unterteilt, die sich nach Farbe, Form, Größe und Struktur richten. (Siehe auch unter „Perlen".)

Rechte Seite:
Der Inhalt einer Knopfschachtel wurde von Barbara zu einem lustigen Fisch gelegt.

Knopfblumen eines 6jährigen Mädchens, das selbständig Form und Farbkontraste zusammenstellte.

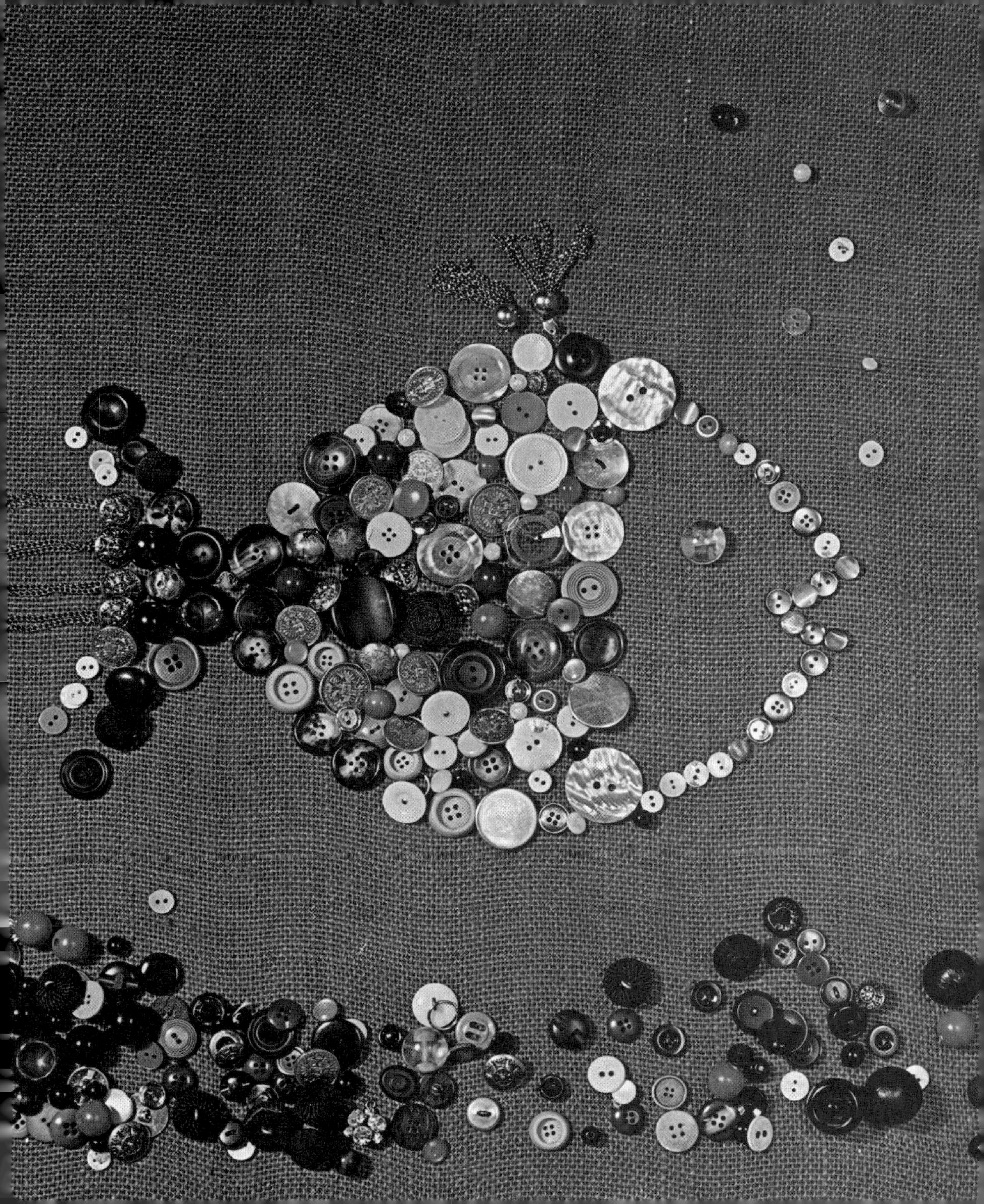

Muster/Entwurf-Spiel
Man legt mit Knöpfen ein Muster und beginnt das Spiel, wobei die Anordnung immer wieder nach irgendwelchen festgesetzten Gesichtspunkten zu ändern ist. Wird auf einem Stück Papier gearbeitet, hat man eine räumliche Begrenzung. Ist ein alle zufriedenstellendes Muster entstanden, kann es festgeklebt werden.

Mosaiken
Es können ganze und auch kaputte Knöpfe verwendet werden. (Siehe unter „Perlen".)

Abdrucke
Siehe unter „Flaschenverschlüsse".

Kork

Gesammelt wird alles, was sich an Kork finden läßt: Bodenfliesen, Flaschenkorken, Tischsets, Korken, die zum Fischen verwendet werden usw.

Sortieren
Siehe Sortieren unter „Perlen".

Anlaß für Gespräche
Woher kommt Kork? Für was wird er verwendet? Muster und Strukturen werden untersucht. Kinder beschreiben, was sie sehen und fühlen.

Bauten und Konstruktionen
Figuren: Streichhölzer oder Zahnstocher, die sich leicht in den Kork drücken lassen, dienen als Arme, Beine und Hals.

Wesen aus Korken und Zahnstochern.

In der Fantasie werden Korken zu Brückenpfeilern, zu Türmen (einfach übereinandergesetzt) oder zu Schornsteinen für Schiffe.
Will man eine ebenmäßige Struktur erzielen, so nimmt man Flaschenkorken von gleicher Größe und Farbe.

Reliefs
Die Korkstücke werden zu einem Muster gelegt und auf eine Grundfläche geklebt. Dabei können verschiedene Stärken und Strukturen sehr gut wirken. Auch Reste von Bodenfliesen eignen sich gut. Flaschenkorken kann der Erwachsene in kleine Rondelle zerschneiden. Geklebt wird mit Kompaktkleber oder Leim.

Drucken
Handliche Korkstücke (Flaschenkorken) sind ideale Druckstöcke für sich wiederholende Muster. Stempelkissen benutzen. (Siehe Drucken unter „Schwamm".) Dünnerer Kork kann zum Drucken auch auf Karton geklebt werden. (Siehe Drucken unter „Pappkartons".)

Durchreibebilder
Durchreiben kann man einfache Korkflächen oder Collagen und verschiedene Reliefflächen. (Siehe Durchreibebilder unter „Wachs".)

Zuerst wurde Tinte auf das Blatt getropft. Nun verbläst die 3jährige Anna sie durch einen Kugelschreiberkörper. Der Tisch sollte hierbei mit alten Zeitungen abgedeckt sein.

Kugelschreiber

Außer als Mal- oder Schreibgerät können Kugelschreiber für viele verschiedene Zwecke verwendet werden.

Drucken
Mit einem Hüllenende des auseinandergeschraubten Kugelschreibers kann man viele kleine Kreise drucken. Als Stempelkissen dient ein Stück Schwamm. (Siehe Drucken unter „Schwamm".)

Farbe blasen
Die Kugelschreiberhülle allein kann man auch gut verwenden, um Tinte oder Farben über ein Papier zu blasen. Die Hülle sollte

vor Gebrauch gut gesäubert werden.

Bauten und Konstruktionen
Aus Hüllen und/oder leeren Minen können freistehende Formen gebaut werden. Dabei ein Teil nach dem anderen mit einem festen Kleber aneinanderfügen.

Reliefs
Alte Kugelschreiber werden in einem Muster auf eine Grundfläche geklebt. Sie können dabei mit Abständen, eng zusammen, übereinander oder kreuz und quer liegen.

Kunststoffbehälter

Im Haushalt findet man tausenderlei Behälter aus Kunststoff (Plastik und ähnliches) in einer großen Auswahl an Formen und Farben: Putzmittelflaschen, Joghurt- und Margarinebecher, Schüsseln, Becher und Krüge – alles eignet sich für weitere Spiele und Beschäftigungen.

Bauten und Konstruktionen
Die Behälter werden ganz, halbiert oder zugeschnitten verwendet. Sie werden zusammengeklebt und mit Collagearbeiten oder Farben verziert.

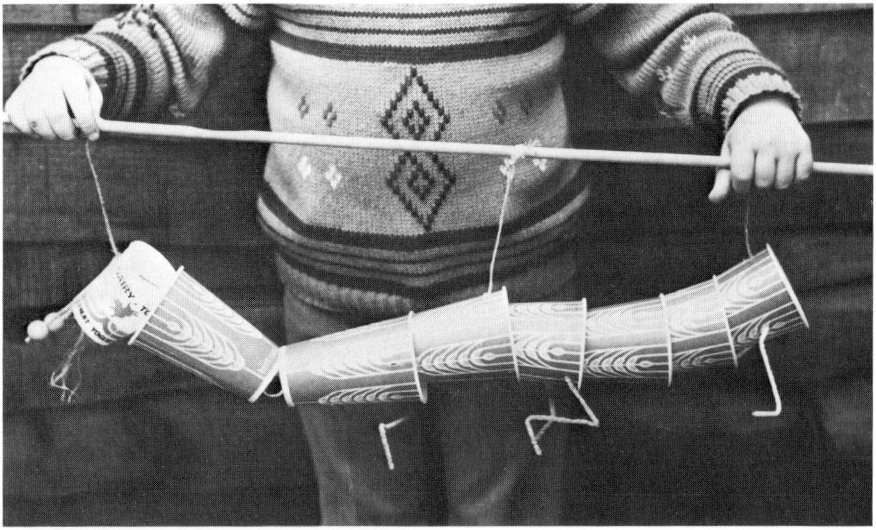

Ein Fabeltier aus Plastikbechern und Pfeifenputzern. Das Ganze wurde mit einer Schnur verbunden. Die Knoten verhindern, daß der Wurm zu stark ineinanderrutscht.

Erfahrungen über Fassungsvermögen und Größe bei Wasserspielen mit verschiedenen Plastikbehältern. Daniel hat dazu eine Plastikschürze angezogen.

Mosaiken
Kleine Deckel, wie etwa die von Margarinetöpfchen, sind ideale Grundflächen mit Rahmen für Mosaiken. (Siehe Mosaiken unter „Perlen".)
Kleine, zerbrochene Stückchen können zu einem Muster in Modelliermasse gedrückt werden.

Reliefs
Siehe Reliefs unter „Flaschenverschlüsse". Die vorgegebenen Formen der Stücke beeinflussen den Aufbau der Arbeit. Kleine Teile können in andere Arbeiten als Augen, Knöpfe oder Medaillen eingefügt werden, um Farbe und Struktur zu ergänzen.

Paletten
Plastikteller können als Malerpaletten oder für Farbe und Schwamm beim Drucken verwendet werden. (Siehe Drucken unter „Schwamm".)

Siebdruck
Man schneidet den Boden von Behältern mit größerem Durchmesser aus, spannt darüber ein feines Gewebe (z. B. einen Ny-

Ein kleiner Gnom aus Stoff- und Fellresten. Er hat einen Plastiktopfkörper, und sein Hut ist ein Plastiktrichter. Arbeit eines 5jährigen.

lonstrumpf) und befestigt es mit einem Gummi. (Siehe Drucken unter „Nylonstrümpfe“.)

Feste Sockel für Konstruktionen
In einen mit Modelliermasse oder Ton gefüllten Deckel läßt sich der Fuß oder die Grundfläche einer freistehenden Konstruktion eindrücken. Dieser Sockel kann durch zum Aufbau passende Muster verziert werden.
Soll der Sockel stabiler sein, verwendet man Gips. Dem Gipspulver wird in einem Plastikbehälter nach und nach Wasser zugefügt, bis der Brei die richtige Konsistenz hat. Bevor der Gips fest wird, gießt man ihn in einen Dekkel, steckt den Fuß des zu befestigenden Gebildes ein und hält es so lange fest, bis der Gips hart ist. Man kann den Gipssokkel auch einfärben, indem man dem Gipspulver Farbpulver beimengt, noch bevor man es mit Wasser anrührt. Den Sockel kann man später aus dem Dekkel herauslösen.

Fantasiespiel
Bei Rollenspielen der Kinder ist Geschirr wichtiges Utensil und sollte deshalb jederzeit verfügbar sein. Am besten in Kartons gestapelt im Wandregal. Schüsseln und Krüge sind zum Spielen mit Wasser und Sand geeignet. Ein- und Ausfüllen macht Kindern Spaß, sie entdecken dabei, wieviel Wasser jeweils in die verschieden geformten Gefäße paßt und lernen die Eigenschaften der verwendeten Materialien kennen.

Puppen
Siehe Puppen unter „Zweige“.

Aufbewahren
Shampoo-, Orangensaft- oder Spülmittelflaschen eignen sich gut zum Aufbewahren von Farben, Tinten und flüssigen Klebstoffen. Behälter können für Sand, Modelliermasse, Perlen und viele andere Dinge verwendet werden. Luftdichte Behälter halten Ton weich. Alte Schüsseln und Krüge eignen sich zum Anrühren von Gips.

Linoleumreste, strukturiert und glatt, werden gesammelt.

Linoleumplatten
Sie eignen sich zum Drucken (siehe unter „Federn") und auch für Fingermalerei (siehe „Resopal").

Arbeitsflächen
Linoleum dient auf Arbeitsflächen aus Holz als Schutz vor Farben, Klebstoff und Färbemitteln. Man klebt oder klammert es auf dem Tisch fest. Wird der Tisch ausschließlich als Arbeitsplatz verwendet, kann man das Linoleum aufnageln.

Reliefs
Dazu eignen sich kleinere Stücke. Sie werden zu einem Muster gelegt und auf eine Grundfläche geklebt. Die Formen der einzelnen Stücke kommen bei glattem Material stärker zur Geltung. Man kann auch mehrere Schichten übereinanderkleben.

Drucken
Linolschneidemesser zum Anfertigen von Stempeln sind für kleine Kinder schwierig zu handhaben und sollten nur unter Aufsicht benutzt werden.
Einzelne Linolstücke können als Unterlage beim Auswalzen der Farbe dienen. (Siehe Drucken unter „Pappkartons".)

Durchreibebilder
Strukturierte Linoleumstücke kann man für Durchreibebilder verwenden. (Siehe Durchreibebilder unter „Wachs".)

Gesicht aus Linoleumresten.

Luftballons

Sammeln Sie alle Luftballons, die bei Festen übriggeblieben sind, oder die Sie bei Werbeaktionen in Geschäften geschenkt bekommen.

Malen/Zeichnen
Man malt oder zeichnet direkt auf den Ballon, vielleicht komische und lustige Gesichter von Tieren oder Menschen. Ungiftige Filzstifte eignen sich gut.

Collagen
Der Ballon wird mit Stoffresten oder buntem Papier beklebt.

Pappmaché
Der Ballon wird aufgeblasen und verknotet. Zeitungspapier in Streifen reißen, mit Tapetenkleister bestreichen und um den Ballon kleben, so daß er vollkommen verdeckt ist. Diese Schicht trocknen lassen, dann die nächste auftragen, wieder trocknen lassen usw., bis 5 oder 6 Schichten aufgetragen sind. Jede Lage muß sorgfältig angedrückt werden. Um das Ganze zusätzlich zu festigen, können dazwischen ein oder zwei Schichten eines feinen Stoffs oder Mull aufgeklebt werden. Wenn das Pappmaché trocken ist, oben ein kleines Loch einschneiden und den Ballon herausziehen. Das Loch eventuell wieder mit bekleisterten Streifen überkleben. Der Ballon kann mit

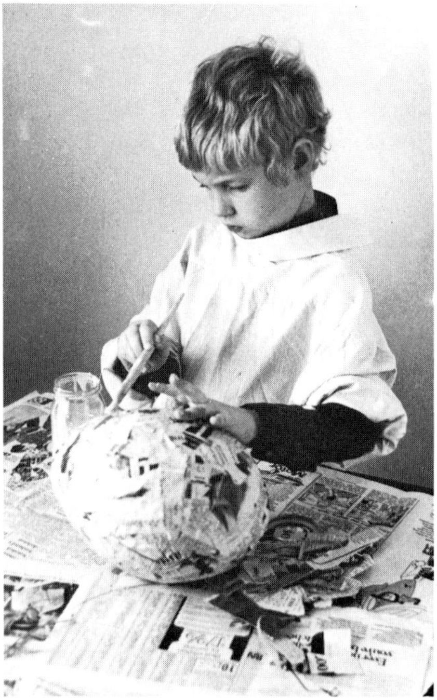

einer Collage verziert oder bemalt werden, oder man schneidet einfach verschiedene Formen aus. Diese könnten auch Mund, Nase und Augen darstellen. Darüber hinaus kann man Formen aus Pappmaché aufsetzen.
Für Masken wird der beschichtete Ballon in zwei Teile geschnitten. Wenn zwei Kinder zusammengearbeitet haben, bekommt jedes eine Hälfte. Für Mund, Nase und Augen werden Löcher ausgeschnitten. Für eine hervorstehende Nase über dem Nasenloch ein Kartonstück ankleben und darüber mit Pappmaché die Nase modellieren. Die Maske durch Bekleben oder Bemalen farbig gestalten. Zum Schluß ein Gummiband befestigen, um die Maske umbinden zu können. Oder man klebt die Maske mit Klebeband oder bekleisterten Papierstreifen an einen Stab.

Maschinenteile

Am besten nur Teile sammeln, die leicht aufzubewahren sind. Größere Rohre und Zahnräder sind vielleicht zu sperrig, werden aber natürlich von Kindern begeistert bei ihren fantasievollen Spielen eingebaut.

Sortieren
Siehe Sortieren unter „Perlen".

Anlaß für Gespräche
Um welches Material handelt es sich: Metall, Plastik oder Holz? – Von welchem Gerät stammt dieses Teil? – Für was wird dieses Gerät benutzt? – Wer hat es gemacht?

Reliefs
Unterlegscheiben, Uhrenteile, Muttern und Schrauben, Stabil-

Umrisse von Maschinenteilchen, immer und immer wieder mit Filzstiften am Rand nachgezeichnet. Arbeit eines 7jährigen.

baukästen und kleinere Ketten sind ideales Beiwerk. Sie werden angeordnet und auf eine Grundfläche geklebt.

Abdrucke
Es können kleinere Geräteteile verwendet werden, die großen Spielraum für verschiedenste Abdrucke bieten. (Siehe Abdrukke unter „Flaschenverschlüsse".)

Drucken
Man kann mit einem Abdruck drucken. Die Farbe wird mit einer Walze aufgetragen. (Siehe Drucken unter „Pappkartons".) Hat man einen handgerechten Block zum Drucken, wird ein Stempelkissen verwendet. (Siehe Drucken unter „Schwamm".) Man kann auch direkt mit einzelnen Teilen, die interessante Formen oder Strukturen haben, drucken (siehe unter „Borke"), oder kleine, flache Teile auf Blöcke kleben (siehe Drucken unter „Knöpfe").

Zeichnen
Einzelne Teile werden als Schablonen verwendet. Ein handliches Stück mit klarem Umriß wird auf ein Blatt Papier gelegt und mit einem Stift vorsichtig umfahren. Durch Wiederholung entstehen Muster.
Weitere Spielarten: Einzelne und sich überschneidende Formen. Wenn so neue Formen entstehen, kann man diese Flächen farbig ausfüllen.
Man verwendet Zeichenstifte verschiedener Stärke, Farbe und Qualität, wie z. B. Buntstifte, Filzstifte und Wachsmalkreiden.

Bauten und Konstruktionen
Verschiedene Teile können mit geeignetem Klebstoff zu einer Konstruktion zusammengefügt werden, wobei Plastik leichter und einfacher zu handhaben ist. Es können neue, fantastische Maschinen entstehen. Wie die wohl funktionieren?
Man kann die Einzelteile auch auf ein Stück Karton kleben. (Siehe auch Konstruktionen unter „Eierschachteln" und Collagen unter „Flaschenverschlüsse".)

Möglichst nur kleine, leichte, saubere Stücke verwenden, die man ohne Schwierigkeiten auf eine Grundfläche kleben kann. Gut brauchbar sind: Schlüssel, Haarnadeln, Maschendraht oder Gaze (von einem alten Sieb), Käsereiben, Besteck, alte Schrauben, Muttern und Metallscheiben, eventuell Schnittabfälle von einer Fabrik.

Anlaß für Gespräche
Man spricht über Farbe, Form, Struktur und Muster. Warum haben manche Stücke bestimmte Formen? – Woher kommt die charakteristische Farbe? – Um welches Metall handelt es sich: Blech, Kupfer, Messing, Stahl oder Zinn? – Wofür wurden die einzelnen Teile ursprünglich benutzt?

Reliefs
Es werden Stücke ausgewählt, die gut zusammenpassen. So könnte man versuchen, nur eckige oder ausschließlich runde Formen zu verwenden. Man klebt sie auf eine feste Unterlage.

Bauten und Konstruktionen
Metallabfälle können zu freistehenden Gebilden, zu Fantasieapparaten und Fantasiemaschinen zusammengefügt werden. Sie können aber auch mit anderen Materialien wie Holz und Plastik zusammen zu neuen Bauten verwendet werden.

Durchreibebilder
Metallflächen bieten viele verschiedene Strukturen für Durchreibebilder. Interessant zum Durchreiben sind unter anderem Maschendraht, Schlüssel, Münzen und Gravuren auf Besteck. (Siehe Durchreibebilder unter „Wachs".)

Drucken
Dazu müssen die Metallflächen sauber sein. Die Drucke werden von verschiedenen Formen und Strukturen gemacht. (Siehe Drucken unter „Borke".)

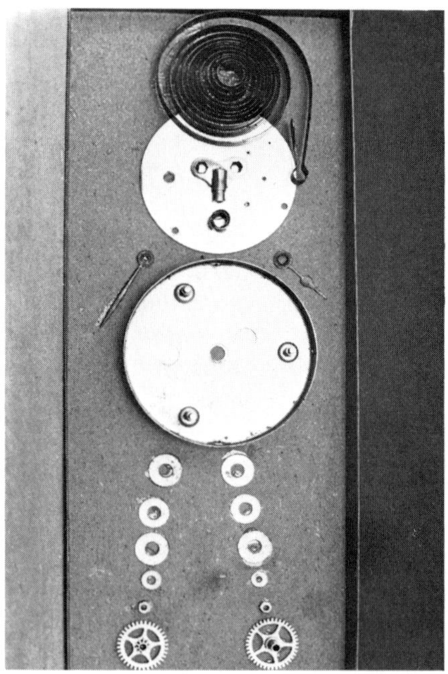

Rechts oben:
Für diesen Schwan wurde Silberfolie über einen vorgeformten Drahtkörper gespannt und angedrückt.
Rechts unten:
Untersetzer aus Stanniolpapier von einer Tafel Schokolade. Die bunten Streifen aus Holzspan wurden von einer 4jährigen eingewoben, das Ganze zum Schluß noch einmal zwischen zwei Büchern glattgepreßt.

Einzelteile eines auseinandergenommenen Weckers wurden von einer 6jährigen mit Pattex auf Karton geklebt.

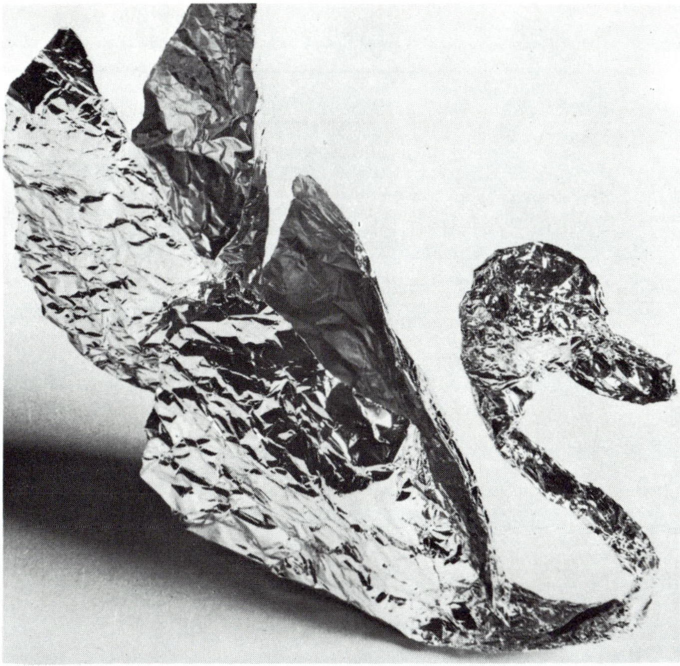

Metallfolien

Silber- oder Backfolie kann verwendet werden.

Eingravieren
Auf die Arbeitsfläche wird ein Stück Folie gelegt. Dazwischen kommt eine dicke Lage Zeitungspapier, das die Folie während der Arbeit abpolstert. Man zeichnet mit einem Zahnstocher, dem hölzernen Ende eines Pinsels oder einem spitzen, aber nicht zu scharfen Gegenstand. Es bleiben Abdrücke auf der Folie zurück. Diese können mit einer Druckwalze voll Farbe oder Tusche eingefärbt und als Druckstock benutzt werden. (Siehe Drucken unter „Pappkartons".)
Auch Durchreibebilder sind möglich, wenn man nicht zu fest aufdrückt. (Siehe Durchreibebilder unter „Wachs".)

Modellieren
Tiere und Gegenstände entstehen, indem man die Folie zusammendrückt oder dreht. Man kann den Körper zum besseren Halt noch auf eine Grundfläche kleben.

Malen
Folie wird zusammengedreht oder gefaltet und wieder auseinandergezogen. Farbe oder Tusche wird daraufgegossen und fließt in die Knicke, es entsteht ein lineares Muster.

Blumenbild eines 7jährigen. Joghurtverschlüsse und Pralinenbecherchen wurden dazu aufgeklebt und mit Alufolie überzogen.

Collagen

Man kann mit Folien auch Oberflächen überziehen. Dazu eignen sich die meisten Klebstoffe. Dadurch, daß die Folie reflektiert, gewinnen flächige und räumliche Arbeiten zusätzlichen Reiz. (Siehe auch Collagen unter „Stoffreste".)

Drucken

Man kann auf Folienstücke drukken und die Wirkung mit Drukken auf Papier oder Stoff vergleichen.

Abgebrochene Möbelteile und alte kleine Möbel aus Holz sollten nicht weggeworfen, sondern aufbewahrt werden.

Durchreibebilder
Die Oberfläche alter Möbel sind oft mit Schnitzereien verziert. Aber auch rohes Holz (das weder lackiert noch bemalt ist) eignet sich für interessante Durchreibebilder. (Siehe Durchreibebilder unter „Wachs".)

Fantasiespiele
Möbelteile können in der Fantasie zu Türmen, Brücken, Mauern, zu Lebewesen und Monstern werden.
Interessante und neuartige Gebilde entstehen, indem man die Teile zusammenklebt oder einfach übereinanderschichtet. Man kann sie anmalen oder andere Materialien hinzufügen.

Malen
Hölzerne Verkleidungen oder alte Stühle eignen sich fantastisch zum Bemalen.

Drucken
Man druckt mit gemaserten oder geschnitzten Flächen. (Siehe Drucken unter „Pappkartons" und „Knöpfe".) Das Papier, das bedruckt werden soll, wird über die Holzfläche, die mit Farbe eingestrichen ist, gelegt und angedrückt.

Reliefs
Holzverkleidungen eignen sich gut als Grundflächen für Reliefs. Kleinere Teile werden zu einem Muster auf eine Grundfläche geklebt.

Montagen
Es werden Stücke gesammelt, die gut zusammenpassen, und in einer Holzkiste oder einem Pappkarton zu einem Muster festgeklebt. Anschließend kann das Ganze bemalt werden. Es kann auch als Spiellandschaft für Figuren dienen, die darin herumspazieren oder nur als Fantasiegebilde bestehen, zu denen die Kinder Geschichten erfinden.

Sortieren
Muscheln werden nach Farben, Formen, Größen und Mustern sortiert. (Siehe Sortieren unter „Perlen".)

Anlaß für Gespräche
Die verschiedenen Muschelarten können besprochen und beschrieben werden.
Wo wurden die Muscheln gefunden?
Was für ein Tier hat darin gelebt?
Wie wurden sie gesammelt?
(Siehe auch Gespräche unter „Kork" und „Knochen".)

Reliefs
Die Muscheln werden zu einem Muster oder Bild gelegt und auf eine Grundfläche (Hartfaserplatte wäre geeignet) geklebt. Die Muscheln in verschiedene Richtung legen.
Sie können auch an Konstruktionen und Reliefs aus anderem Material angefügt werden.

Mosaiken
Muscheln werden in Modelliermasse gedrückt. (Siehe Mosaiken unter „Perlen".)

Abdrucke
Mit einem Nudelholz wird ein Stück Modelliermasse oder Ton flach ausgerollt (man kann auch einen Block nehmen). Dann werden mit Muscheln in verschiedenen Größen und Formen Abdrucke gemacht. Auch Gebilde und Töpfe aus Ton können mit Muschelabdrücken verziert werden. (Siehe Abdrucke unter „Flaschenverschlüsse".)

Drucken
Mit dem eben beschriebenen Abdruck kann man drucken.
Man kann aber auch mit einer einzelnen Muschel direkt drukken. Man nimmt entweder den Rand und bekommt so den Umriß, oder man rollt die ganze Muschel auf dem Papier ab. Für die Farbe wird ein Stempelkissen

Eulenbild aus lauter Muscheln.
Werk eines 7jährigen Mädchens.

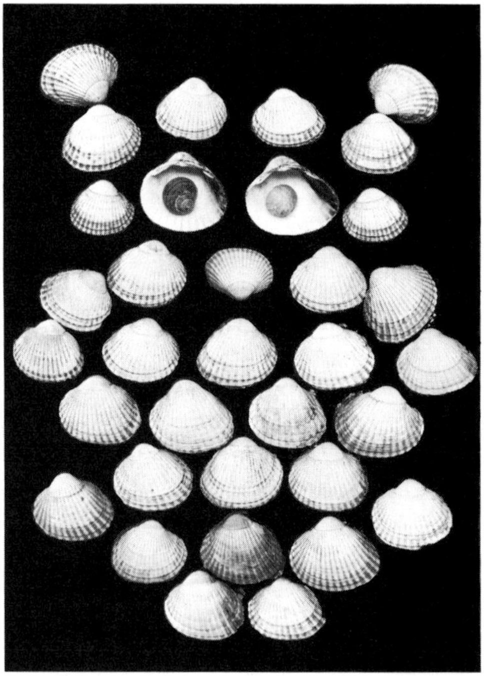

verwendet. (Siehe Drucken unter „Schwamm" und „Borke".)

Bauten und Konstruktionen
Für freistehende Gebilde wie Männchen, Tiere, Muschelhäuschen oder ganze Muschellandschaften werden die Muscheln, eine nach der anderen, mit Kompaktkleber aneinandergeklebt.

Hier werden mit einem Nagel Muster in ein Tontöpfchen gedrückt.

Nägel

Nägel sollten nur unter Aufsicht benutzt werden. Es ist nicht ratsam, sie einfach so im Kinderzimmer herumliegen zu lassen. Sie können aber, wenn sie mit der erforderlichen Vorsicht verwendet werden, bei vielen Arbeiten sehr hilfreich sein.

Drucken
Will man mit dem Nagelkopf drucken, kann man das spitze Ende des Nagels in einen Korken drücken. Er schützt die Kinderhand und dient gleichzeitig als Griff.

Sgraffito
Man kann die Nägel zum Einritzen oder Entfernen einer Schicht (Farbe oder Wachs) verwenden und eine darunterliegende Zeichnung freilegen. (Siehe Sgraffito unter „Wachs".)

Abdrucke
Mit den Nägeln können Muster in Platten, handgetöpferte Gefäße und Figuren aus Ton oder Modelliermasse geritzt oder eingedrückt werden. (Siehe auch Abdrucke unter „Flaschenverschlüsse".)

Hier bietet die Natur eine Vielfalt an Formen, Farben und Strukturen. Man denke nur an Tannenzapfen, Kastanien, Rosenblätter, Farnkraut, Schilf oder Gras.

Anlaß für Gespräche
Wie fühlen sich die einzelnen Dinge an? Kann du sie zuordnen? (Siehe unter „Knochen" und „Blätter".)

Collagen
Dünne, flache Pflanzenteile wie Stengel, Gräser oder Blätter werden zu einem Muster oder Bild gelegt und auf eine Grundfläche geklebt.

Reliefs
Größere Pflanzenteile wie Zweige oder Samenkapseln können fantasievoll zusammengestellt oder nach bestimmten Eigenschaften wie Struktur (hölzern oder fleischig) oder Formen und Farben geordnet werden.

Mosaiken
(Siehe Mosaiken unter „Perlen".) Der Deckel einer alten Keksdose oder ein Schuhkartondeckel geben einen festen Rahmen ab. Zweige machen sich z. B. in Gips gut.

Puppen
Zweige lassen sich für Stabpuppen verwenden. (Siehe Puppen unter „Zweige".)

Gewebe
Sehr schön sind Gewebe aus Schilf, Gras und widerstandsfähigen Pflanzenstengeln. Das Pflanzenmaterial wird parallel nebeneinander auf ein Brett gelegt. Die Enden werden mit Klebeband oder Nadeln festgehalten. Dies sind die „Kettfäden", durch die nun weitere Gräser gewebt werden. Die Kettfäden werden dann wieder gelöst und auf ein Stück Karton gelegt. Man schneidet einen Rahmen aus fe-

stem Papier oder Karton und klebt ihn über die Kanten des Gewebes. Man kann dieses Gewebe auch für Durchreibebilder verwenden. (Siehe Durchreibebilder unter ,,Wachs''.)

Fantasiespiel
Man nimmt Zweige, Tannenzapfen und Nußschalen. Sie können als Zauberstäbe, Gewehre, Wanderstöcke, Wagen und Maschinen, zum Bauen von Hütten,

Verschiedene Pflanzen auf Karton. Collage einer 7jährigen.

Häusern und Barrikaden und als freistehende Formen wie Hütten, Häuser oder Wiegen verwendet werden. Auch hier gilt es, nur den ersten Anstoß zu geben. Kinder erfinden bald eigene Figuren und Spiele.

Bauten und Konstruktionen
Die einzelnen Arten können ganz verschieden verwendet werden, allein oder zusammen mit anderen. Einige Beispiele:
Eichelfiguren und -tiere: Streichhölzer, die sich leicht eindrükken lassen, verbinden die Eicheln und dienen als Arme und Beine.
Tannenzapfen werden mit Hilfe von Blattstielen, Zweigen oder Streichhölzern zu Lebewesen. Die Teile werden zusammengeklebt, verschlungen oder verhakt.
Nußschalen lassen sich in einem Relief verwerten. (Siehe unter „Eierschalen".) Man kann aber auch aus Nußschalenteilen eine freistehende Form zusammenfügen. Oder man klebt sie mit Modelliermasse zusammen. Eine Hälfte kann man als Boot verwenden, ein Kügelchen Modelliermasse hineinlegen und einen Zweig oder ein Streichholz als Mast hineindrücken. Dieses Boot schwimmt! Es ist wichtig, die Kinder zu eigenen Ideen zu ermutigen.

Nylonstrümpfe

Alte, saubere Strümpfe in verschiedenen Farben und Stärken sammeln.

Collagen
Die Strümpfe werden in die gewünschten Formen geschnitten, zu einem Muster gelegt und auf Papier oder Karton geklebt. Man nimmt dazu einen durchsichtigen Klebstoff. Wenn man einige Stücke übereinanderlegt, erreicht man verschiedene Hell- und Dunkelabstufungen.

Applikationen
Die Formen werden auf eine Stofffläche geklebt oder genäht. (Siehe Applikationen unter „Stoffreste".)
Sich überlappende Stücke ergeben verschiedene Farbtöne und Dichten.
Verschieden große Stücke innerhalb eines Musters – vielleicht zwei große Stücke in einem Muster aus lauter kleinen Teilen – geben dem Bild mehr Spannung.

Modellieren
Der Fuß eines Strumpfes wird mit Stoffresten oder zusammengedrücktem Papier gefüllt. Außen werden andere Materialien festgenäht oder aufgeklebt. Die Form des Strumpfes kann durch Abbinden mit Zwirn verändert und zu Tiergestalten oder anderen Wesen verwandelt werden.

Siebdruck mit einem Perlonstrumpf, der über eine Papprolle gespannt und mit einem Gummiband befestigt wurde. Christoph hat auf seiner „Druckvorlage“ einen Teil mit Papier abgedeckt.

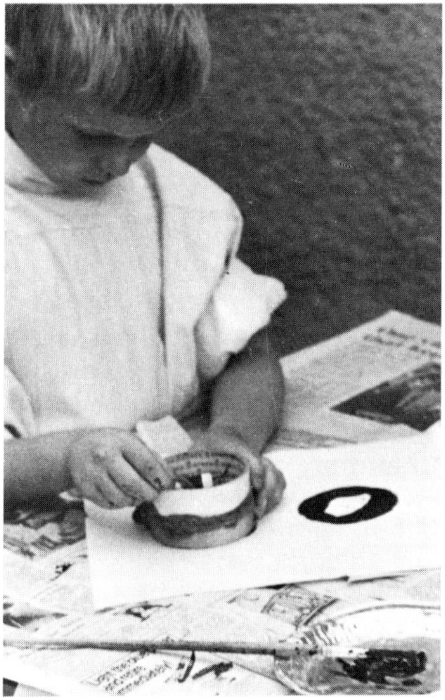

Drucken

Strumpfstücke können mit anderen Materialien zusammen auf einen Stempel geklebt und zum Drucken verwendet werden. (Siehe Drucken unter „Pappkartons“.)
Man kann die Strümpfe aber auch zum Sieb- und Schablonendrucken verwenden. Ein Stück Nylonstrumpf wird über das Ende einer festen Papprolle gespannt und mit einem Gummi befestigt. Die Farbe kann mit einem Stück Pappe durch das „Sieb“ gepreßt werden. Kleinere Kinder können Leimfarbe verwenden. Teile des Papiers oder des Kartons, auf die gedruckt werden soll, werden mit ausgerissenen oder ausgeschnittenen Papierstücken abgedeckt. Aus Klebeband werden Formen ausgeschnitten, die man auf das Sieb klebt. Oder man malt mit Wachs – mit Kerzen oder Wachsmalstiften – auf den Strumpf. (Siehe Siebdruck unter „Wachs“.)

Insektengläser

Wenn man über ein offenes Glas einen Strumpf zieht und diesen mit einem Gummi festhält, kann man darin Insekten sammeln. Allein das Sammeln und Untersuchen der Tiere ist schon eine lohnende Beschäftigung. Darüberhinaus mag es Kinder zum Modellieren, Zeichnen und Malen anregen.

Besonders Zellstoff und Seidenpapier bieten sich für eine vielseitige Verwendung an. Hier gibt es verschiedene Stärken, Transparenzen, Farben und Strukturen. Papierhandtücher, Toilettenpapier, Papiertaschentücher und Seidenpapiere sind einige Beispiele dafür.

Collagen

Formen werden ausgerissen oder ausgeschnitten und auf Papier oder Karton geklebt. Möglicherweise verläuft bei buntem Papier die Farbe. Dies kann man ins Muster miteinbeziehen. Die Grundfläche wird mit Klebstoff eingestrichen, das Papier daraufgelegt. Eventuell betupft man auch nur jeweils die Ecken der Stücke mit Klebestift.
Wo sich Formen überschneiden, wird eine größere Dichte erreicht. Tonabstufungen entstehen durch verschiedene Lagen. Um hier eine größtmögliche Wirkung zu erzielen, nimmt man als Untergrund weißes oder helles Papier.
Mit buntem Papier werden „Abfallkonstruktionen" dekoriert. Streifen eignen sich etwa als Pferdemähnen oder Schwänze.

Collage aus verschiedenen durchsichtigen Papierschichten. Ausgeschnitten und aufgeklebt von einer 5jährigen.
Daneben: Arbeit eines 4jährigen.

Das Papier kann in verschiedenen Formen verwendet werden. Als Blatt, als Streifen, zusammengedrückt oder gefaltet. Man klebt es auf ein Papier oder Karton und stellt aus den verschiedenen Formen und Strukturen ein Muster, Gesichter oder „Gemälde“ zusammen.

Transparentbilder
Siehe Transparentbilder unter „Bonbonpapiere“. Man kann aber auch Formen (Löcher) in einen Karton schneiden, farbiges Papier reißen oder schneiden und die Stücke über die Löcher kleben. Das Bild kommt am besten vor einer Lichtquelle (Fenster) zur Geltung.
Ein Stück farbiges Seidenpapier wird zusammengedreht und mit einem Overhead-Projektor an die Wand geworfen. Die Kinder können nun beobachten, wie sich Muster und Formen ändern, während sich das Papier langsam wieder aufdreht. (Cellophan eignet sich hier fast noch besser.)

Pappmaché
Siehe Pappmaché unter „Ballons“. Feinere Details kann man besonders gut mit bekleisterten Zellstofftüchern ausformen. Nimmt man farbiges Seidenpapier, daran denken, daß es stark abfärbt.

Malen
Gedrehte oder gefaltete Papiertücher können als Malgeräte verwendet werden. Sie lassen sich aber auch in Farbe tauchen und als Teil des Musters in ein Bild einfügen. Die Farbe wird mit etwas Leim vermischt. Auf diese Weise kann ein ganzes Relief entstehen. Kleisterfarben sind dafür geradezu ideal.

Färben
Gefaltetes oder ungefaltetes Papier oder auch nur die Spitze eines mehrfach gefalteten Dreiecks wird in ein Färbebad getaucht, auseinandergefaltet und getrocknet. Dann kann eine andere Spitze in die gleiche, oder besser in eine neue, Farbe getaucht werden. Man probiert verschiedene Faltungen aus – im rechten Winkel oder plissiert. Auf diese Weise können Kinder mit Färbetechniken vertraut gemacht und später auch an Tauchbatik herangeführt werden. Es lohnt sich zu beobachten, wie die Farbe von dem Papier aufgesaugt wird.

Aufbewahren
Das weiche Papier eignet sich zum Schutz von zerbrechlichen Dingen und zum Auskleiden von Dosen. (Siehe Aufbewahren unter „Eierschachteln“.)

Säubern
Nicht zuletzt sind Papiertücher natürlich zum Säubern von Arbeitsflächen und Pinseln sehr nützlich.

Pappkartons und Schachteln

Hier kann man die verschiedensten Formen und Größen sammeln, von Streichholzschachteln bis zu körpergroßen Kartons.

Fantasiespiele

Wenn man darinnen sitzt, werden Kartons zu Autos, Bussen, Booten oder Raketen.
Wenn man sie überzieht, werden daraus Rüstungen und Roboter.
Die Kartons können angemalt oder mit verschiedenen Abfallmaterialien beklebt werden. Löcher für Arme, Beine, Augen und Kopf werden nach Bedarf hineingeschnitten.

Schaukasten

Ein Kind, das in einer großen Schachtel auf einem Schemel sitzt oder kniet, kann durch eine Öffnung schauen, die mit einem Vorhang verhängt ist. Es hängt von der Dichte des Vorhangstoffes ab, wieviel Licht hindurchscheint, und sie bestimmt die Farbqualitäten, die das Kind wahrnimmt. Je dichter das Material, um so dunkler die Farben. Alte Gardinen, Nylonstrümpfe, Organdy, Musselin, Baumwolle oder Jute haben verschiedene Dichten. Eine gute Sehübung!

Rechte Seite: Pappkartons wurden auseinandergenommen. Mit Deckfarben wurden bunte Kreise aufgemalt, dann ausgeschnitten und auf Stäbe gesteckt. Gruppenarbeit aus einer Sonderschule.

Ein 6jähriger baute diesen Zug aus Kartonabfällen. Lok und Tender sind durch einen Pfeifenputzer verbunden. So ein Zug könnte natürlich auch noch angemalt werden.

Laternen
Man nimmt längliche Schachteln, am besten solche, die nur zusammengesteckt sind. Das obere Teil und der Boden werden herausgeschnitten, und in die Seiten kommen Fenster, in die man Seidenpapier oder Cellophan klebt. Es ist besser, die Schachteln auseinanderzunehmen, damit man das bunte Papier auf der Innenseite richtig festkleben kann.
Man stellt an einem sicheren Platz (z. B. eine Fensterbank) ein Windlicht oder eine Kerze in ein Gefäß und stülpt die soeben entstandene Laterne darüber.
Die Laterne kann auch aufgehängt werden. Ein kurzer Stab wird oben quer durch die Laterne (zwei kleine Löcher in zwei sich gegenüberliegende Seiten stechen) geschoben. Um die Mitte des Stabes einen Zwirn knoten.

Fühlschachtel
Man nimmt eine geschlossene Schachtel, schneidet ein Loch, das groß genug ist, um beide Hände hindurchstecken zu können, aus und legt einen Gegenstand hinein. Das Kind kann ihn betasten und beschreiben, was es fühlt. Sieben- oder achtjährige Kinder können vielleicht das, was sie erfühlen, zeichnen oder malen. Wenn die Kinder den Gegenstand durch Worte oder in einer praktischen Arbeit dargestellt haben, kann man ihn hervorholen.

Fadenspannen
Der Deckel oder ein Seitenteil des Kartons wird entfernt. Schnüre (Wolle, Baumwolle, Zwirn und Bast) werden über die Öffnung gespannt. Durch verschiedenes Spannen erzielt man interessante Muster. Das Garn kann auch gefärbt oder bemalt werden. Zur Befestigung sticht man oben in die Kartonseiten Löcher. Einzelne Fäden durchstecken und verknoten, oder einen sehr langen Faden durch alle Löcher führen und nur am Anfang und am Ende verknoten. Man kann die Fäden auch um den ganzen Karton wickeln und die Enden mit Klebeband befestigen.

Bauten und Konstruktionen
Hier lassen sich alle Arten von Schachteln verwenden. Sie dienen als Burgen, Häuser, Maschinen, Autos, Tanks, Panzer, Karren und Boote. Geklebt wird mit Kompaktkleber oder Leim. Tapetenkleister ist zwar billiger, aber nicht so haltbar. Man kann ihn aber gut für Arbeiten verwenden, bei denen Kartons zusammen mit Pappmaché bzw. Zeitungspapier verwendet werden. (Siehe Pappmaché unter „Ballons".)
Aus Schachteln der gleichen Sorte und Größe kann man ein sehr einheitlich wirkendes Gebilde bauen.

Reliefgrundflächen
Kartondeckel mit Rand können als Grundfläche für Reliefarbei-

Rechte Seite:
Mit wenigen Handgriffen entsteht aus einem alten Schuhkarton eine Maske.

ten benutzt werden. Beliebige Objekte und Abfallmaterialien werden zu einem Muster oder Bild gelegt und aufgeklebt, der Rand dient als Rahmen.
Deckel können aber auch als Grundflächen für Mosaiken genommen werden. (Siehe Mosaiken unter „Perlen".)

Bilder
Die Außenseiten der Schachteln werden bemalt. Die verschiedenen Seiten kann man zur Darstellung einer Geschichte verwenden oder für ein fortlaufendes Muster in verschiedenen Farben. Oder man malt Gesichter, Tiere und Gegenstände auf. Glatte Oberflächen können ausgeschnitten und einzeln benutzt werden zum Zeichnen und Malen oder für Collagearbeiten und Reliefs.
Kartonstreifen sind auch ideal verwendbar als Farb- oder Kleisterspachtel. Interessante Effekte lassen sich erzielen, wenn man anstelle eines Pinsels mit Karton „malt". Auch Versuche mit gewelltem oder gezacktem Karton sind sehr reizvoll.

Drucken
Kartonreste können auch als Stempel verwendet werden. Die Stücke, möglichst alle in der gleichen Stärke, werden zu einem Muster arrangiert und aufgeklebt. Man gibt etwas Farbe auf eine Glasplatte oder eine andere, nicht aufsaugende Fläche von ca. 20 × 20 cm. Die Farbe wird mit der Walze erst gleichmäßig auf der Fläche verteilt und dann auf den Stempel übertragen. Dann drückt man den Stempel auf die vorbereitete Unterlage. Diese kann aus Stoff, Papier oder wiederum aus Karton bestehen. Das Muster läßt sich vielfach variieren und neu zusammensetzen.

Aufbewahren
Natürlich finden Kartons auch vielfältige Verwendung als Behälter für Abfallmaterialien und gesammelten Krimskrams. Die Kartons sollten am besten sauber etikettiert und beschriftet werden.

Rechte Seite:
Viele Dinge lassen sich als Perlen verwenden: zum Beispiel selbstgerollte Papierstreifen, auseinandergeschnipselte Strohhalme und Knusperringe.

Karton-Zoo auf einer Hartfaserplatte.
Arbeit eines 6jährigen.

Perlen

Zuerst werden viele Arten von Perlen gesammelt.

Sortieren
Schachteln und alte Kartons dienen zum Aufbewahren der verschiedenen Perlen.
Nach Farbe: Man gibt jeweils alle roten oder alle blauen Perlen in eine Schachtel. Dann kann man innerhalb der einzelnen Farbgruppen unterscheiden, also z. B. zwischen verschiedenen Rottönen.
Aus Perlen einer Farbgruppe wird eine Linie gelegt, von der dunkelsten bis zur hellsten Perle.

Nach Größe: Die größte und die kleinste Perle werden herausgesucht. Sobald das Kind dieses Prinzip verstanden hat, können auch feinere Unterschiede gemacht werden. Es wird wieder eine Linie gelegt, bei der die größte Perle an dem einen, die kleinste an dem anderen Ende liegt. Dem Kind dazu Fragen stellen!
Nach Formen: Die Perlen werden in Grundformen geordnet: rund, oval, eckig.
Nach Materialien: Sortiert wird nach Glas, Plastik, Holz, Knochen, Stein, Ton usw.

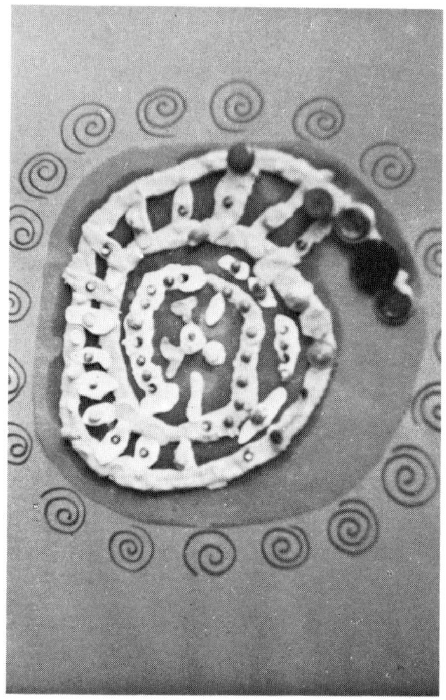

Beim Perlensortieren.

Ein 5jähriges Mädchen drückte Perlen und Knöpfe in eine Plastilinschnecke und malte mit Filzstift Spiralen drumherum.

Mosaiken
Als Grundfläche verwendet man den Deckel einer Schachtel (z. B. Käseschachtel) und Modelliermasse (oder Knete), die in den Deckel gedrückt wird. Die Perlen können eng aneinander- oder weiter auseinanderliegend zu einem Muster oder Bild in die Masse gedrückt werden. Je dichter sie zusammensitzen, desto stabiler ist die Oberfläche. Zur Festigung kann man diese zum Schluß auch noch mit Lack überziehen.

Applikationen
Die Perlen werden zusammen mit Stoffresten auf eine Grundfläche aus Papier, Karton oder Stoff gesetzt. Kinder verwenden Perlen gerne als Augen, Nasen, Hutbommeln, Räder oder Knöpfe.

Reliefs
Die Perlen werden zu einem Muster oder Bild gelegt und auf Holz oder eine feste Pappe geklebt. Man achtet hier besonders auf eine wirkungsvolle Anordnung verschieden großer Perlen. Weiterhin sind Perlen ideal zum Verzieren aller nur denkbaren Bauten und Formen.

Pfeifenreiniger

Collagen
Die Pfeifenreiniger werden in einem Muster oder Bild auf eine Grundfläche geklebt. Je stärker sie verbogen oder gekrümmt werden, desto schwerer lassen sie sich aufkleben. Man kann sie auch zusammen mit anderen Materialien verwenden.

Drucken
Hier dienen sie zum Strukturieren von „Abfall"-stempeln. (Siehe Drucken unter „Pappkartons".)

Bauten und Konstruktionen
Da Pfeifenreiniger sich leicht

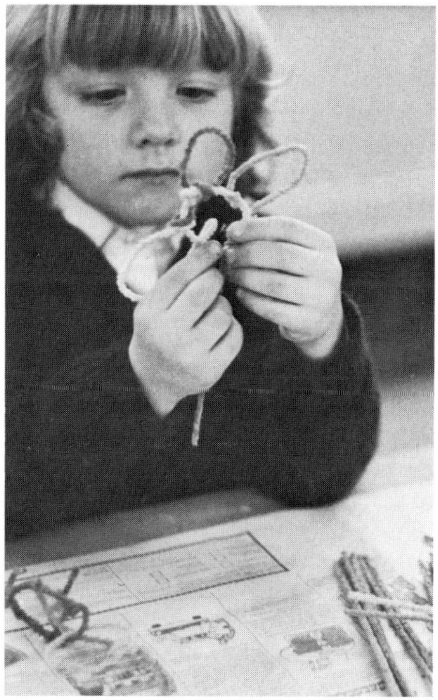

Eine Blume aus Pfeifenputzern.

biegen lassen, können schon kleine Kinder sie gut handhaben. Man kann sie als Arme, Beine, Fühler und ähnliches verwenden, als Verbindungen zwischen einzelnen Teilen oder als Verzierungen von Bauten oder Reliefs. Mehrere zusammengeklebte oder ineinandergehakte Pfeifenreiniger ergeben interessante freistehende Formen. Sie können ebenfalls als Grundgerüst für Figuren genommen werden. Papier und dünner Stoff können als Kleider oder Flügel noch daraufgeklebt werden.

Bewegliche Gebilde
Die Pfeifenreiniger werden an einer stabilen Fläche befestigt. Kleine Kinder können sie leicht in ein Stück Styropor drücken. An dem freien Ende wird ein leichtes Gewicht befestigt, Pappstücke, Kieselsteinchen, Samen, Nudeln oder Perlen eignen sich dafür gut. Sie müssen nicht unbedingt festgeklebt werden, man kann sie auch aufspießen oder den Reiniger darum herumbiegen.
Einzelne Reiniger werden in Schwingungen versetzt, was sich möglicherweise auf die anderen überträgt. Die Bewegung bleibt eine ganze Weile erhalten. Perlen, Papier- oder Styroporkugeln sowie Korken können als Gewichte sehr gut wirken.

Gewebe
Die Pfeifenreiniger können allein oder zusammen mit anderen Materialien zu einem ,,Gewebe" verflochten werden. (Siehe Gewebe unter ,,Naturmaterial" und ,,Schnur".)

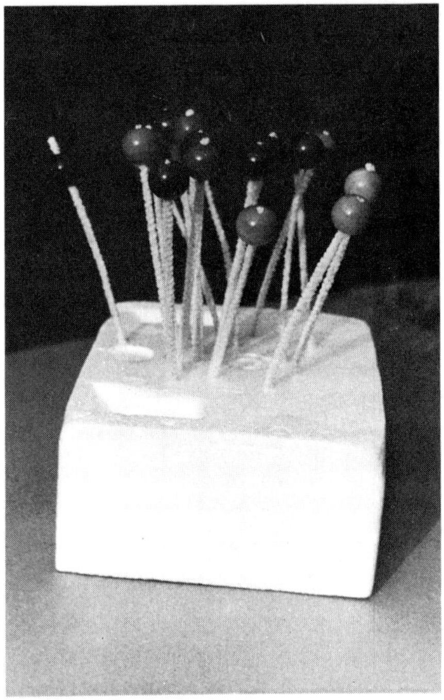

Mobile aus Styropor, Pfeifenputzern und Holzperlen.

Tauchbatik
Der zu färbende Stoff wird zu einem Ball zusammengedrückt. Ein Pfeifenreiniger wird darumgebogen, die Enden dreht man umeinander, damit er fest sitzt. Möglicherweise braucht man mehrere Reiniger, um ein größeres Stoffstück zusammenzuhalten. (Siehe Tauchbatik unter ,,Stoffreste" und ,,Steine".)

Man benutzt Abfallstücke und Reste von Resopal- oder anderen kunststoffbeschichteten Platten. Einige Arbeitsflächen im Haushalt sind aus Resopal, und die Kinder können direkt darauf malen oder drucken. Es läßt sich mit einem feuchten Tuch leicht wieder reinigen.

Fingermalen
Kleine Kinder malen gerne mit den Fingern. Kunststoffbeschichtete Tische sind zum Malen ideal. Fingerfarben werden auf den Tisch gestellt, und die Kinder können sich direkt bedienen. Sie sollten dabei auf jeden Fall Schürzen tragen.

Monotypie (= einmaliger Abdruck)
Von einem Fingergemälde kann man einen Abdruck machen. Man legt ein Stück Zeitungspapier darüber und drückt es leicht mit der Hand an. Dann zieht man das Papier wieder ab und hängt es zum Trocknen auf.
Auf einem Stück Resopal wird Farbe oder Tusche ausgerollt. Nun kann man in die Farbe mit Stift, Streichholz, Zweig oder hölzernem Ende eines Pinsels

Fingermalerei auf einem resopalbeschichteten Tisch.

Linien und Flächen einzeichnen. Oder man legt einen Gegenstand, z. B. einen alten Handschuh, ein Deckchen oder ein Blatt, auf die Farbe. Dann wird ein Blatt Papier darübergelegt und ein Abdruck gemacht. Man kann auch Papier, Karton oder Stoff reißen oder schneiden, um damit Teile der Farbe abzudecken.
Auf das Resopalstück wird mit Farbe ein Muster gezeichnet. Durch Einsatz verschiedener Werkzeuge entstehen unterschiedliche Muster und Linien, von denen man dann wieder Abdrucke nimmt.
Auf der Resopalplatte wird Farbe ausgerollt. Darauf kommt ein sauberes Stück Zeitungspapier, auf dessen Rückseite mit einem spitzen, aber nicht scharfen Werkzeug (z. B. ein Streichholz) gezeichnet wird. Durch den Druck wird die Farbe auf das Papier übertragen. Zum Trocknen wird es aufgehängt oder festgesteckt.

Reliefs
Einzelne kleine Resopalstücke können zu einem Muster arrangiert und aufgeklebt werden.

Zeichen- oder Malbrett
Resopal ist eine vorzügliche Unterlage für Zeichen- oder Malpapier. Dieses kann darauf (z. B. mit Wäscheklammern) festgesteckt werden.

Rundhölzer

Es sollten Holzstäbe in verschiedenen Stärken wie auch Reststücke gesammelt werden.

Puppen
Kurze Holzstäbe kann man für Puppen verwenden. (Siehe Puppen unter „Garnrollen“ und „Zweige“.)

Masken
Siehe Pappmachémasken unter „Ballons“.

Reliefs
Stäbe von gleicher oder verschiedener Stärke und Länge

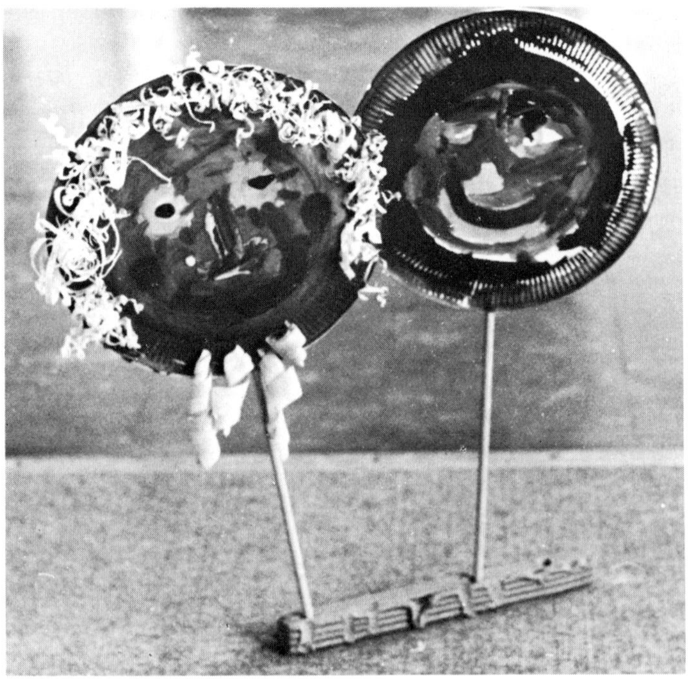

Stockpuppen aus Rundholz und Papptellern hergestellt und mit Pulverfarbe bemalt, mit Holzwolle verziert und in Knetmasse gesteckt.

Ein Zeichenstab, bestehend aus einem Rundholz, in das ein Stückchen Schwamm geklemmt wurde.

werden zu einem Muster gelegt und auf eine Grundfläche geklebt.

Bauten und Konstruktionen
Für freistehende Formen werden Holzstäbe nacheinander mit Kompaktkleber zusammengeklebt. Man kann möglicherweise auch ohne Klebstoff arbeiten, wenn man die Hölzer miteinander „verflicht".
Verschieden dicke Rundhölzer, die aufrecht auf eine Grundfläche geklebt werden, ergeben eine Art Urwald, Gestrüpp oder „Stangenwald". Man kann ein Muster oder zumindest eine bestimmte Anordnung versuchen. Es entstehen oft interessante Strukturen.

Zeichenstöcke
Siehe Zeichenstöcke unter „Schwamm".

Samen und Nudeln

Es gibt eine reiche Auswahl an Formen und Farben, z. B. Kerne von Melonen, Äpfeln, Pampelmusen und Orangen. Sie sollten aber alle zuerst getrocknet werden. Sie können allein oder zusammen mit Nudeln, Linsen, Reis oder Mais verwendet werden.

Reliefs
Auf einem Stück Karton wird Klebstoff verteilt (immer in kleinen Abschnitten). Darauf werden die Samen gesetzt. Das Muster kann während der Arbeit entstehen, oder zuerst auf die Grundfläche aufgezeichnet werden, bevor der Klebstoff aufgetragen wird.

Mosaiken
(Siehe Mosaiken unter „Perlen".) Für Mosaiken, die in Modelliermasse gedrückt werden, eignen sich Nudeln besser als Samen. Kerne können durch die Feuchtigkeit aufquellen, wenn die Oberfläche nachträglich einen Schutzmantel (z. B. aus Leim) bekommt.

Schmuck
Aus getrockneten und aufgezogenen Samen oder Nudeln kann man Ketten machen. Das Auffädeln von Kernen ist für kleinere Kinder nicht so geeignet, weil man dazu Nadeln benutzen muß. Für sie gibt es aber Nudelsorten

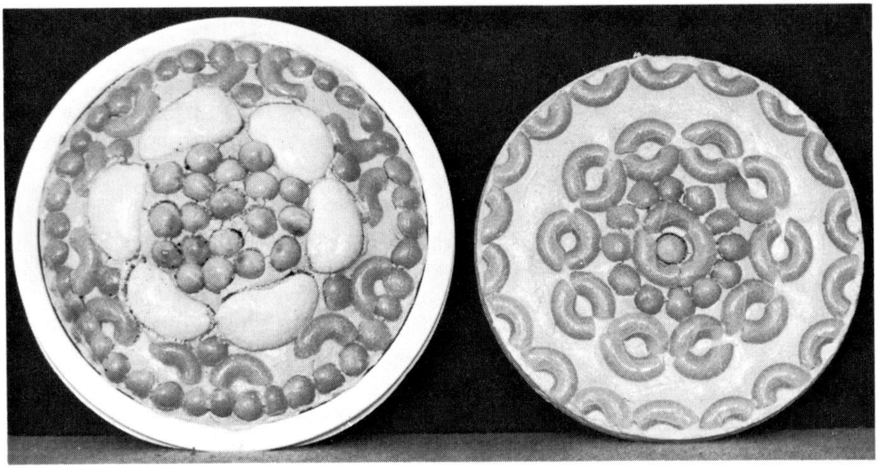

„Nudelmosaik". Die Nudeln wurden in Modelliermasse auf einen Margarinedeckel gedrückt und nach dem Trocknen mit Lack überzogen. Das Mosaik kann aus dem Rahmen gelöst und mit einem Stück Filz auf der Unterseite beklebt nun als Briefbeschwerer benützt werden.

Hals- und Armband aus Melonenkernen.

(oder in Stücke gebrochene Makkaroni), die bereits Löcher haben und leicht aufgefädelt werden können. Man verwendet starken Zwirn oder dünne Schnur ohne Nadel. Die Fadenspitze kann, damit sie sich nicht spaltet und etwas fester wird, vorher kurz in flüssiges Wachs (bei einer brennenden Kerze) getaucht und zu einer Spitze gedreht werden.

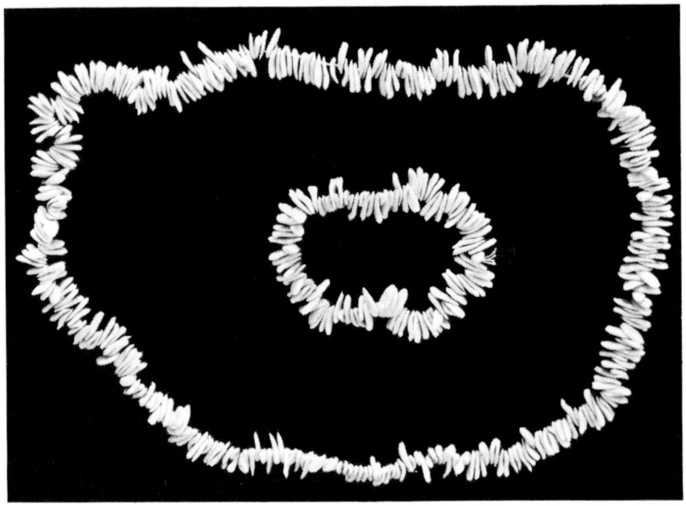

Sand

Es gibt Sand in verschiedenen Arten und Farben. Wenn man eine größere Auswahl hat, wird das Spiel mit Sand für das Kind interessanter. (Siehe Sand im Einleitungskapitel.)

Spiele

Krüge und Schüsseln werden gefüllt, und der Sand wird von einem Behälter in den anderen geschüttet. Dadurch wird Geschicklichkeit, ein Gefühl für das Fassungsvermögen eines Gefäßes und für die Eigenschaften des Materials entwickelt.
Mit Sand und viel Wasser kann auch herrlich modelliert und gemanscht werden.
Wird Sand auf einem Papier oder anderen Grund verteilt, können Landschaften, Strand oder Wüste entstehen, in denen mit Wagen, Karren oder Figuren gespielt wird.

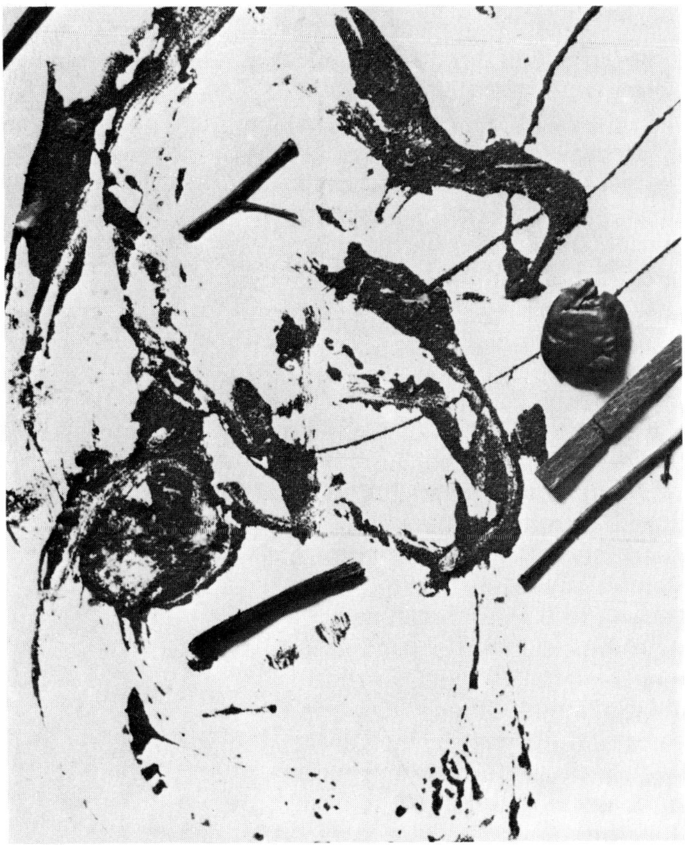

Sand, Ästchen und Kastanie von einer 4jährigen über feuchten Leim gestreut.

Zeichnen

Mit einem Finger oder Stock wird direkt in den Sand gezeichnet. Am schönsten ist das natürlich direkt am Strand.
Oder man legt oder klebt Sand auf ein Stück Papier. Der Klebstoff wird aus der Tube gedrückt oder mit einem Pinsel aufgetragen. Bevor er trocknet, streut man den Sand darauf. Später schüttelt man überflüssigen Sand ab. (Statt Sand kann man dabei auch Flitter, Grieß oder Sägespäne verwenden.)

Durchreibebilder

Von einer Sandzeichnung lassen sich Durchreibebilder machen. (Siehe Durchreibebilder unter „Wachs“.)

Drucken

Ein Stück Schnur wird zu einer Form gelegt und auf ein Stück Holz oder einen anderen festen Gegenstand geklebt, den man zum Drucken gut in die Hand nehmen kann. (Siehe Drucken unter „Borke".)
Man kann Schnur um eine Röhre oder Flasche wickeln und ankleben oder festbinden und das Ganze dann über ein Papier rollen.
Man taucht ein Stück Schnur von ca. 70 cm Länge in Farbe und legt es auf einer Hälfte eines Papiers zu einer Form. Dann wird die andere Hälfte darübergefaltet und vorsichtig mit der Hand angedrückt. Faltet man das Papier wieder auseinander, zeigt sich ein symmetrisches Muster.
Eine in Farbe getauchte Schnur wird auf ein Papier gelegt, so daß ein Ende übersteht. Das Papier wird wiederum gefaltet und die Schnur dann, während man sie hin- und herbewegt, herausgezogen. Das Papier wird offen getrocknet. Die Arbeitsfläche sollte mit alten Zeitungen abgedeckt sein.

Collagen/Reliefs

Ob eine Collage oder ein Relief gemacht wird, hängt von der Stärke der Schnur ab. Dickeres Material gehört eher in eine Reliefarbeit.
Verschieden lange Schnüre werden zu einem Muster gelegt und auf eine Grundfläche geklebt. Man bedeckt immer kleine Flächen mit Klebstoff und drückt die Schnur nach und nach an. Bunte Schnur ist besonders interessant. Dazu kann sie in Farbe, Tinte oder Färbemittel getaucht werden und wird vor Verwendung auf einer alten Zeitung getrocknet.
Schnur wird mit Klebstoff bestrichen, bevor sie auf Karton oder einem Brett zu einer freien Form gelegt wird. Bei dieser Arbeitsweise entsteht sicherlich mehr Schmutz als bei der vorhergehenden, aber sie ist für spontane Arbeiten von Kindern besser geeignet. Die Schnur wird gut angedrückt, damit sie fest auf der Grundfläche sitzt.

Gewebe

Man wickelt Schnur um ein Stück festen Karton und verknotet sie. Dann werden Schnüre von unterschiedlicher Farbe und Stärke durchgewoben. Man kann lange Stücke für mehrere Reihen oder viele kurze Enden verwenden, sie müssen aber dicht beieinanderliegen. Wenn das Gewebe fertig ist, werden die einzelnen Fäden miteinander verknotet. Einfacher ist das Arbeiten, wenn der Karton an den Rändern eingekerbt ist.
Es können auch andere Materia-

Rechte Seite:
Collage aus bunten Wollresten. Arbeit eines 6jährigen.

lien, wie Bast oder Wolle, eingewoben werden.
Man nimmt einen hölzernen Rahmen (ein alter Bilderrahmen ist geeignet) und schlägt entlang der Kanten in gleichmäßigen Abständen Nägel ein. Kinder ab acht Jahren aufwärts schaffen das schon fast selbständig. Am ersten Nagel einer Rahmenleiste wird eine lange Schnur befestigt, die um den ersten Nagel der gegenüberliegenden Leiste, wieder zurück und um den zweiten Nagel geführt wird usw. So entsteht die Kette. Ein Faden pro Nagel ist ausreichend. Die Schußfäden können aus verschiedenen Schnurarten oder auch aus anderem Material bestehen. Seit-

Spinnenwebengebilde einer 7jährigen. Die Fadenenden wurden über den leicht eingeschlitzten Karton nach hinten geführt und auf der Rückseite verknotet.

Fadenmalerei einer 6jährigen.

liche Nägel sind vielleicht nicht notwendig, wenn die Kette fest genug sitzt.

Applikationen
Die Schnur wird auf einen Stoffuntergrund geklebt oder genäht, den man dazu glatt über der Arbeitsfläche ausbreitet. Es können Linien und Formen gelegt werden, oder man sucht jeweils Schnüre, die in ihrer Struktur oder Farbe ganz besonders gut zu den einzelnen Stoffen passen.

Durchreibebilder
Von einer Collage, einer Applikation oder einem Gewebe wird ein Durchreibebild gemacht. (Siehe Durchreibebilder unter „Wachs".)

Bauten und Konstruktionen
Schnur kann als Ergänzung bei Konstruktionen aus anderen Materialien verwendet werden.

Schmuck
Siehe Schmuck unter „Samen" und „Strohhalme".

Mobiles
Man nimmt Garn zum Aufhängen von Karton, Papier und anderen Materialien als Mobiles. Dünnes, festes Garn eignet sich gut. Auch Gummiband wäre möglich, es ist elastisch und somit noch beweglicher.

Schwamm

Malen
Mit einem Stück Natur- oder auch Kunstschwamm, das mit Schnur oder Gummi zusammengebunden ist, kann großzügig und regelmäßig gemalt werden. Wenn man tupft, wird die Struktur des Schwammes sichtbar.

Zeichnen
Ein Ende eines Bambusstabes oder Rundholzes wird eingeritzt. In die Kerbe steckt man ein kleines Stück Schwamm. Es kann, falls nötig, noch mit einer Schnur oder einem Gummi festgehalten werden. So entsteht ein

„Malen" mit einem Stück Schwamm.

neues Zeicheninstrument für Farben und Tinten.

Drucken
Der Schwamm wird als Stempelkissen verwendet. Man legt dazu ein Stück in einen Deckel oder in eine flache Schale und tränkt es mit Tinte, Farbe oder Färbemittel. Nun kann man jeden beliebigen „Stempel" daraufdrücken, damit er die Farbe aufnimmt.

Füllmaterial
Strümpfe, Socken, Taschen, Tüten und Handschuhe werden mit Schwamm ausgestopft, um daraus Kuscheltiere oder Puppen zu machen. Durch Abbinden und „Modellieren" können die Gegenstände in bestimmte Formen gebracht werden.

Seife

In Haushaltsgeschäften oder Drogerien gibt es manchmal noch große Stücke Kernseife zu kaufen, aber auch billige Toilettenseife läßt sich verwenden.

Schnitzen
Aus einem Block kann man Figuren schnitzen. Zur Verzierung der Oberfläche eignen sich die verschiedensten Werkzeuge: Spachtel, Zahnstocher, Büroklammern oder Stifte. Man kann aber auch stumpfe Instrumente wie Löffel oder Plastikmesser verwenden. Diese Arbeiten sind für sieben- bis achtjährige Kinder geeignet. Die Abfälle (Seifenflocken) sind noch gut zum Waschen zu gebrauchen.

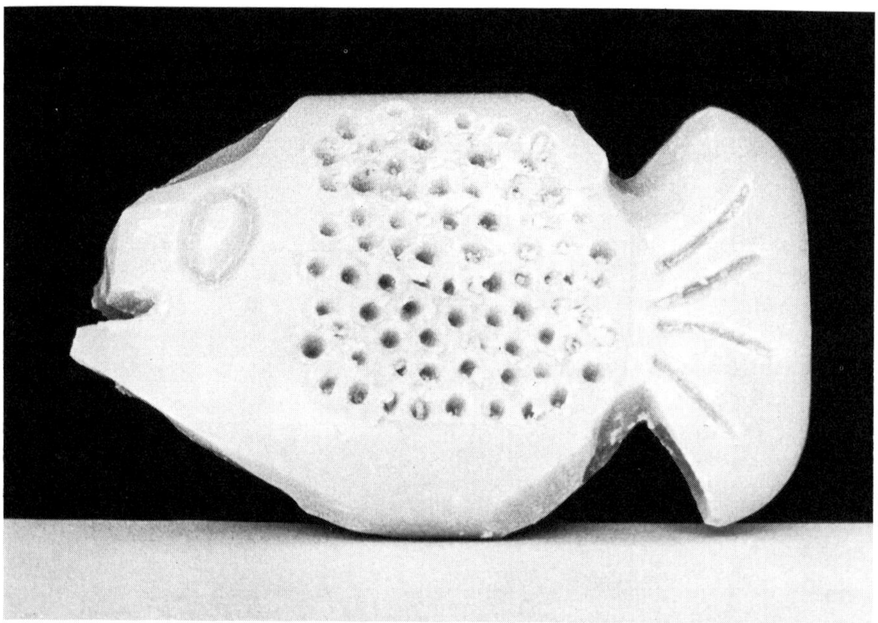

Fisch aus einem Stück Seife. Geschnitzt wurde mit einem Plastikmesser, geritzt mit einem Zahnstocher und einem Kartoffelmesser. Arbeit eines 7jährigen.

Spanhölzer werden nach Farben geordnet.

Es gibt naturfarbenes und bunt gefärbtes Spanholz.

Gewebe
Spanholzstreifen von gleicher Länge werden parallel auf ein Brett gelegt und festgesteckt oder mit Klebeband befestigt. Dies sind die „Kettfäden". Mit weiteren Spanholzstreifen als „Schußfäden" wird gewebt. Wenn man fünf oder sechs Reihen hat, kann man das Gewebe lösen, da es nun von alleine hält. Ältere Kinder können wahrscheinlich ganz ohne vorherige Befestigung weben. Auch das fertige Gewebe braucht keine weiteren Stützen. Es kann zum Beispiel als Tischset verwendet werden.

Reliefs
Spanhölzer werden zu einem Muster gelegt und auf eine Grundfläche geklebt. Sie können in Lagen übereinandergeschichtet, flach gelegt oder auf die Kante gestellt in verschiedenen Längen benutzt werden.

Bauten und Konstruktionen
Spanhölzer kann man wie Streichhölzer und Zahnstocher zu Bauten zusammensetzen. Sie können auch mit anderen Materialien gemeinsam verwendet werden. Man klebt sie nacheinander mit Kompaktkleber zusammen. Sie können Arme, Beine, Gewehre, Signale, Gebäudefassaden und Autos darstellen.

Auf dem Spaziergang, auf dem Heimweg, im Garten – überall kann man schöne Steine finden. Die Steine sollten an verschiedenen Orten gesammelt werden, damit man wirklich eine große Auswahl an Farben, Formen, Strukturen und Größen hat.

Anlaß für Gespräche
(Siehe unter „Perlen", „Stoffreste" und „Blätter".)
Es werden Formen, Größen, Struktur, Farbe und Herkunft erörtert. Man kann die Formen er Steine, gezackt, rund, eckig oder spitz, beschreiben. Wie kamen diese Formen zustande? Wonach sollte man die Steine ordnen und sortieren?

Mosaiken
Hierzu verwendet man kleine Steine. Die Farben sollten zusammenpassen. (Siehe Mosaiken unter „Perlen".)

Reliefs
Die Steine werden zu einem Muster gelegt und mit Leim auf eine Grundfläche geklebt. Starke Gegensätze in Form und Farbe machen die Reliefs interessanter. So kann man für eine Arbeit kleine und große Steine nebeneinandersetzen, die Fläche dabei sehr dicht ausfüllen oder die Steine weiter auseinanderlegen.

Malen
Die Steine werden mit Plakafarbe oder mit mit Leim gemischter Pulverfarbe angemalt. Das Anmalen sollte so weit wie möglich von Form, Struktur und Verwendungszweck abhängig gemacht werden. Es können Tiere, Gesichter, Pflanzen oder Fantasiegestalten entstehen.

Gefundene Objekte
Steine können auch ganz allein aufgrund ihres hübschen Aussehens, ihrer schönen Farbe, Form oder Struktur gesammelt werden. Gespräche mit den Kindern können helfen, die Auswahl der Steine, die gesammelt werden sollen, zu treffen.

Eine Plastik aus verschiedenen Muscheln und Schnecken, die auf einen bunt bemalten Stein geklebt wurden.

Diese schweren Steine wurden großzügig mit Plakatfarbe bemalt und zu einem Gebilde aufeinandergehäuft.

Beim Betrachten der Steine werden Tierformen entdeckt. Wie können Steine noch aussehen? Solche Fragen regen die kindliche Fantasie an.

Tauchbatik

In der Mitte eines Stück weißen Baumwollstoffs wird ein Stein gelegt. Der Stoff wird über dem Stein zusammengefaltet und mit Schnur oder Gummiband verschnürt. Dann wird er in ein Färbebad getaucht. (Siehe Tauchbatik unter „Stoffreste".) Die Gebrauchsanweisung des benutzten Färbemittels sollte in jedem Fall sorgfältig durchgelesen werden.

Statt Schnur oder Gummiband zu knoten, kann der Stoff z. B. auch mit Wäsche- oder Büroklammern zusammengehalten oder durch Aufkleben von Klebeband vor der Farbeinwirkung geschützt werden.

Man sollte stets einen großen Karton für Stoffreste und saubere, abgetragene Kleidungsstücke bereithalten. Wenn die Sammlung wächst, und die Vielfalt der Materialien steigt, ist es sinnvoll, verschiedene Kisten anzulegen.

Sortieren
Man nimmt verschiedene Schachteln für Farbe, Stoffstärke und Material (z. B. Nylon, Baumwolle, Jute oder Samt). (Siehe Sortieren unter „Perlen".)

Anlaß für Gespräche
Wo kommen die Materialien her? – Wo liegt der Unterschied im Ursprung von Baumwolle, Wolle und Nylon? – Was faßt du am liebsten an?
Die Kinder sollen beschreiben, wie sich die Stoffe anfühlen.

Applikationen
Als Grundfläche sollte man dickes, festes Material wie Filz, Jute oder Samt nehmen, auf das man kleinere Stoffreste klebt. Leim und Klebestift sind geeignet. Ältere, geschickte Kinder können die Teile auch aufnähen.

Collagen
Man kann Stoff in Verbindung mit Papier oder Karton verwenden und eine einfache Collage auf Papier oder Karton machen. Aber auch Oberflächen von Kartons, Ballongesichter oder andere räumliche Gebilde können mit Stoffresten verziert werden.

Durchreibebilder
Durchreibebilder von Applikationen und Collagen kann man mit Wachsmalstiften auf unbedrucktes Zeitungspapier machen. (Siehe Durchreibebilder unter „Wachs".)
Einzelne Stoffstücke können interessante Strukturen haben, deren durchgeriebene Bilder man

Ein Kleidchen für die selbstgebastelte Handpuppe. Der Wollfaden wird mit groben Stichen eingefädelt, zusammengezogen und zusätzlich am Hals mit Klebstoff befestigt.

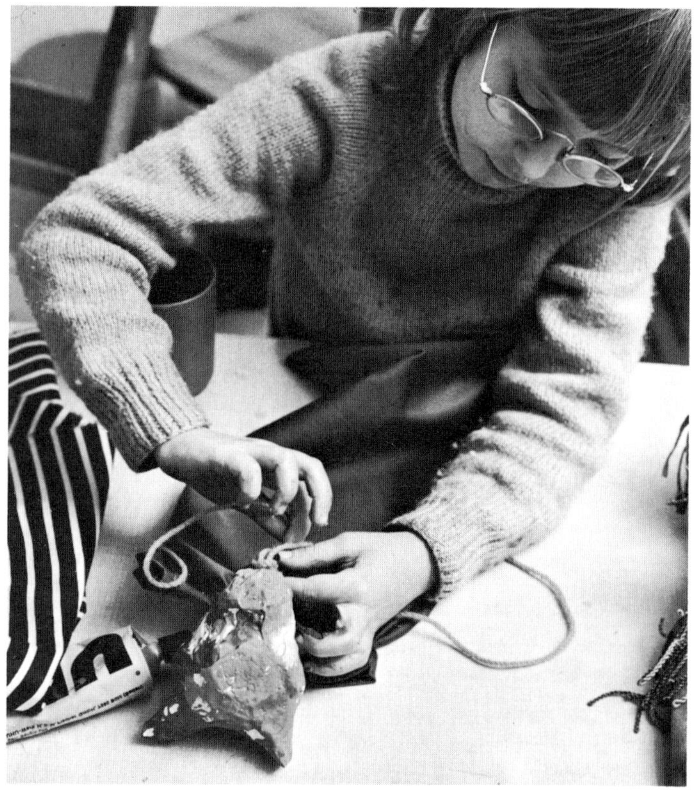

auch in andere Arbeiten einfügen kann.

Puppen
Beim Puppenbasteln kann man Stoffreste in reicher Auswahl gebrauchen. Zu den einfachsten zählt die Handpuppe; auch Puppen aus alten Socken oder Strümpfen mit Zeitungspapier oder Lumpen ausgestopft, zusammengenäht oder verknotet, können mit Stoffstücken verschönert werden.

Zeichnen/Malstock
Siehe Zeichnen unter „Schwamm".

Malen
Man kann Stoff zum Auftragen von Farbe verwenden – zum Tupfen, Kreisen, Wischen und Ziehen von Farbe auf Karton oder Papier. So entstehen interessante Strukturen, die sich leicht in Muster oder Bilder einbeziehen lassen.

Drucken
Stoffstücke mit grober Struktur eignen sich gut als „Druckstock". (Siehe Drucken unter „Pappkartons".) Man kann den Stoff auch auf einen Block kleben und dann damit stempeln. Hier lassen sich Muster machen. (Siehe Drucken unter „Knöpfe".) Stoff kann natürlich auch bedruckt werden. Dazu legt man ihn auf eine ebene, stabile Flä-

che (Zeitung als Unterlage!) und befestigt ihn mit Klebeband oder Nadeln.
Es gibt viele verschiedene Möglichkeiten, Stoff zu bedrucken. Einige einfache Techniken können auch von kleinen Kindern ausgeführt werden. Die dazu benötigten Materialien können aus gerade vorrätigem Bestand frei zusammengestellt werden, anstatt daß man kompliziertes, meist teures Werkzeug verwendet. (Siehe Drucken unter „Kartoffeln" und „Nylonstrümpfe".)

Tauchbatik
Stücke von glattem, vorzugsweise sehr hellem Baumwollstoff sind am besten geeignet. Bettlaken oder alte Hemden sind ideal. Sie werden in die gewünschte Größe gerissen oder geschnitten. Einzelne Stellen eines Stoffteils werden durch Zusammenfassen, Bündeln und Zusammenbinden mit Schnur oder Gummiband vor dem Farbbad geschützt, oder mit Klips, Büro- oder Wäscheklammern zusammengeklammert. Wenn man den Stoff in das Färbebad taucht, werden die zusammengedrückten Teile nicht mit eingefärbt. Die Gebrauchsanweisung des Färbemittels sollte vor Gebrauch genau durchgelesen werden. Heiß- und Kaltbatikfarbe sollte nur unter Aufsicht verwendet werden. Man kann schnellfärbende Mittel nehmen oder bei anderen den Färbeprozeß mit Salz beschleunigen. (Siehe Tauchbatik unter „Steine", „Wäscheklammern" und „Gummiband".)

Pappmaché
Stoffstreifen verleihen einer Arbeit aus Pappmaché besondere Festigkeit. (Siehe Pappmaché unter „Ballons".)

Sie können auf ähnliche Weise eingesetzt werden wie Zahnstocher. Keine neuen Streichhölzer mit Köpfen benutzen. Kinder zündeln allzu gerne. Köpfe vorher abknipsen oder abbrennen.

Bauten und Konstruktionen
Streichhölzer dienen bei Kork, Kartoffeln und anderen Materialien, die man zum Basteln von Figuren verwendet, als Arme und Beine. Oder man fügt mit ihnen einzelne Teile zusammen. (Siehe Konstruktionen unter „Eierschachteln".)
Auch einzelne Streichhölzer übereinandergeschichtet ergeben hübsche Türme und Bauten. (Siehe auch unter „Zahnstocher".)

Reliefs
Die Streichhölzer werden zu einem Muster gelegt und auf eine Grundfläche geklebt.

Zeichnen/Malen
Die Hölzer werden in Farbe oder Tinte getaucht und zum Zeichnen oder Malen benutzt.

Drucken
Aus Streichhölzern kann ein „Abfall"-Stempel gemacht werden. (Siehe Drucken unter „Pappkartons".) Die Zwischenräume sollten nicht zu groß sein.

Zeichnen
Die Streichholzschachteln werden in verschiedenen Richtungen auf ein Papier gelegt, man zeichnet um die Umrisse herum.

Drucken
Man kann mit den Seiten und Flächen der Hülle und der Schublade drucken. Die Hand, die die Schachtel hält, wird auf das Papier gedrückt – auf Zeitungspapier, Karton, unbeschriebene Grußkarten und große Briefumschläge. Es wird ein Stempelkissen benutzt. (Siehe Drucken unter „Schwamm".)

Collagen
Geöffnete und geglättete Schachteln werden zu einem Muster angeordnet und auf Papier oder Karton geklebt. Man sollte auch die Farben und Abbildungen auf den Etiketten einsetzen und die verschiedenen Teile einer Streichholzschachtel, wie die Hülle oder die Reibflächen, berücksichtigen.

Reliefs
Es werden ganze Schachteln, geschlossen oder teilweise geöffnet, verwendet, aber auch Hülle und Schublade getrennt,

Ruderboot aus Dattelschachteln, bemannt mit Streichholzschachtelmännchen. Gebaut und mit Wachsstiften bemalt von einer 7jährigen.

um verschiedene Muster zu legen, die auf eine Grundfläche aufgeklebt werden. Man kann die Teile legen, aufstellen und auch knicken.

Bauten und Konstruktionen
Streichholzschachteln sind ideale „Bausteine" und können fantasievoll eingesetzt werden, um Boote, Waggons, Karren oder Wagen, eine Puppenstube und vieles andere entstehen zu lassen. Daran denken, daß sie in verschiedenen Richtungen aufgeklebt werden können: hoch, längs, seitlich!
Es können einheitliche Gebilde wie die unten abgebildete „Wendeltreppe" gebaut werden.

Man bastelt aus mehreren Schachteln eine Art Kommode. Dazu werden die Schachteln Seite an Seite oder übereinander geklebt. Als Griffe dienen kleine Knöpfe oder Rundkopfklammern. In den Schubläden kann man kleinen Krimskrams aufbewahren oder auch Perlen einsortieren usw.

Rechte Seite:
Puppenwohnzimmer und Schlafzimmer aus vielen verschiedenen Streichholzschachteln, die mit Geschenkpapier überzogen wurden. Perlen dienen als Schrankfüße oder auch als Knäufe für Schubladen und Türen.
Die Puppen aus alten Wäscheklammern wurden, zum besseren Stand, in ein Stück Knetmasse gedrückt.

Strohhalme

Gefärbte und naturfarbene Strohhalme wie auch Plastikhalme dienen als herrliches Spielzeug.

„Farbe blasen"
Mit einem Strohhalm können Farb- oder Tintentropfen über Papier oder Karton geblasen werden. Am leichtesten kann die Farbe aufgenommen werden, wenn man den Strohhalm als Pipette benutzt. Dazu tunkt man ein Ende in den Farbtopf und verschließt das andere Ende mit einer Fingerkuppe. Dann nimmt man ihn aus der Farbe, führt ihn zum Papier, nimmt den Finger

weg, und die Farbe läuft heraus. Wenn man nun durch den Strohhalm pustet, kann man ein ganzes Netzwerk machen, oder auch Strahlen, die von einem Mittelpunkt ausgehen. Das geblasene Muster kann so belassen oder aber durch weitere gezeichnete oder gemalte Linien und Flächen ergänzt werden.

Abdrucke von Schaumblasen
Etwas Geschirrspülmittel wird in ein Plastikgefäß oder einen Joghurtbecher gegossen und bereits angerührtes Farbpulver bis zu einer Höhe von 2,5 cm hinzugefügt. Dann wird ein Strohhalm bis kurz unter die Oberfläche eingetaucht und Luft in die Flüssigkeit geblasen, bis der entstehende Schaum den oberen Gefäßrand erreicht hat. Dann legt man vorsichtig ein Papier über die Blasen, die dort Spuren hinterlassen. Durch Wiederholung mit einer oder mehreren Farben kann ein dichtes Muster entstehen.

Zeichnen und Malen
Die Strohhalme werden als Zeichengeräte verwendet. Mit einer Schere oder einem Messer können sie zum Zeichnen feiner Linien auch angespitzt werden (ähnlich wie beim Federkiel).

Collagen
Die Strohhalme werden zu einem Muster gelegt und auf eine Grundfläche geklebt. Sie können in verschiedene Längen geschnitten werden.

Schaumblasen-Abdrucke. In Joghurtbechern wurde die Farbe mit Wasser vermischt. Heike legt ein Papier über die Schaumblase und macht so einen „Abdruck".

Igel aus Plastikstrohhalmen, die auf einen zuvor ausgeschnittenen Karton geklebt wurden. Das Auge wurde mit Filzstift aufgemalt. Arbeit eines 6jährigen.

Durchreibebilder
Von der Collage wird ein Durchreibebild gemacht. (Siehe Durchreibebilder unter „Wachs".)

Bauten und Konstruktionen
Aus Strohhalmen von verschiedener Länge wird eine freistehende Form zusammengefügt. Man kann sie mit Zwirn, dünnem Draht oder Schnur zusammenbinden, kleben oder ineinanderstecken, indem man das Ende eines Strohhalmes zusammendrückt, damit er in den nächsten paßt. Oder man verflicht die Strohhalme und befestigt, falls erforderlich, manche Stellen durch Klebstoff oder Ineinanderstecken.
Strohhalme lassen sich auch zu Fantasiegebilden mit anderen Materialien kombinieren, etwa um ein Tier oder ein Gebäude zu basteln. Sie eignen sich auch gut für Fassaden und Zäune.

Schmuck
Die Strohhalme werden in kurze Stücke geschnitten und mit Garn aufgefädelt. Dazu muß nicht unbedingt eine Nadel verwendet werden. Die Strohhalme können (am besten vor dem Schneiden) angemalt werden. Plastikstrohhalme sind meist schon farbig und brechen nicht so schnell.

Styropor

Man kann Verpackungsmaterial und kaputte Decken- oder Isolierplatten sammeln. Zum Kleben wird ein spezieller Klebstoff gebraucht (z. B. UHUpor oder einfacher Leim wie Ponal).

Reliefs
Teile, die gut zusammenpassen, werden zu einem Muster gelegt und auf eine Grundfläche (Hartfaserplatte, Spanplatte oder Pappe) geklebt. Das Relief kann noch angemalt werden. Darüber hinaus kann man auch einige Lagen übereinanderschichten. Die einzelnen Stücke können dicht aneinander oder mit größeren Zwischenräumen angeordnet werden.

Malen
Zum Bemalen von Styropor können Tinten und andere wasserlösliche Farben (Pulverfarbe, Tempera oder Dispersionsfarbe) verwendet werden. Es wird direkt auf das Styropor gemalt.

Drucken
Zuerst wird mit einem einzelnen Stück die Beschaffenheit des Materials untersucht. Man kann dabei ein sich wiederholendes Muster drucken. (Siehe auch Drucken unter „Borke".)
In Styropor kann man leicht Motive einritzen. Mit einem Fingernagel, einer Kugelschreiberhülle, einem Zweig oder einem

Spielen und Bauen mit luftig leichten Styroporverpackungen. Die Räder des Autos wurden mit langen Nägeln an der "Karosserie" festgesteckt.

Streichholz lassen sich klare Linien ziehen. Auch mit diesem eingeritzten Muster kann man drucken.

Grundflächen
Styropor eignet sich als Untergrund für Sammlungen und Konstruktionen. Platten kann man als Pinnwand verwenden.

Bauten und Konstruktionen
Man kann aus einzelnen Stücken eine freistehende Form zusammenkleben. Vielleicht sind die Stücke aber auch so vorgeformt (oder man schneidet und bricht Kerben hinein), daß man die Teile ineinanderstecken kann.

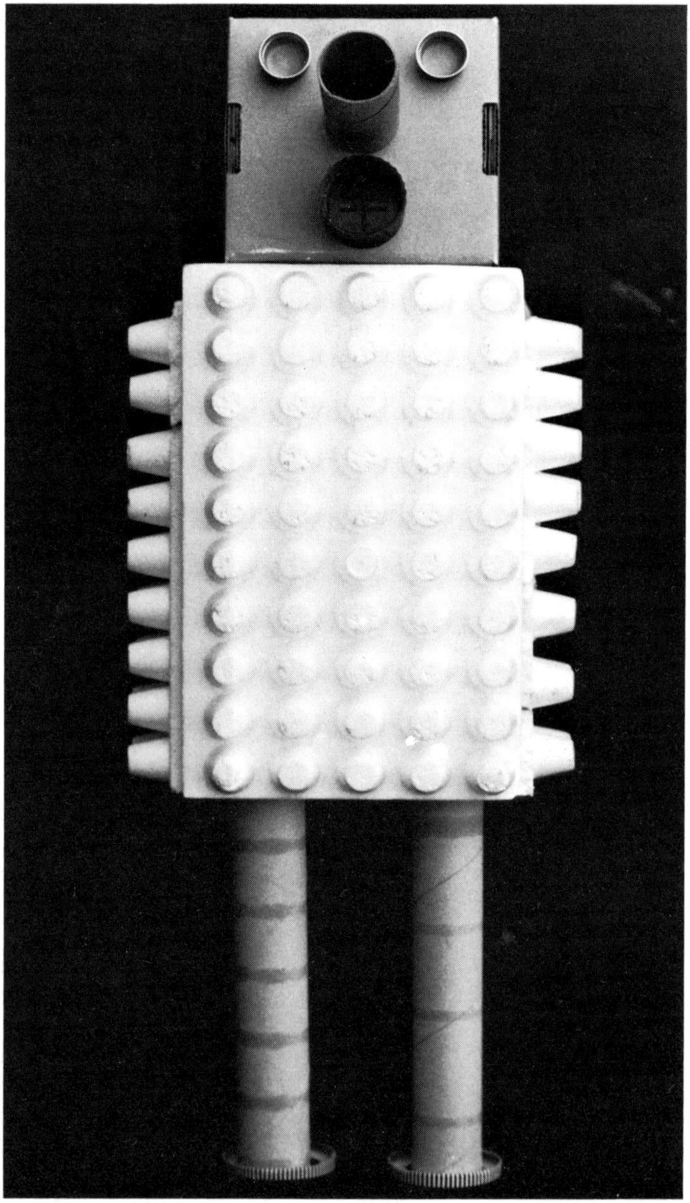

Aus Styropor, Kartons und Toilettenpapierrollen baute ein 6jähriger diesen Roboter.

Anlaß für Gespräche
Farben, Strukturen und Muster werden mit den Kindern besprochen, befühlt. Härte und Zerreißbarkeit werden ausprobiert.

Zeichnen/Malen/Drucken
Für diese Arbeiten bilden die meisten Tapetenreste einen idealen Untergrund. Fast alle sind fest genug und eignen sich für wasserlösliche Farben, abwaschbare Tapeten und Kunststofftapeten sogar für Ölfarben.

Durchreibebilder
Von Strukturtapeten macht man Durchreibebilder. (Siehe Durchreibebilder unter „Wachs".)

Collagen
Man nimmt Tapeten mit interessanten Mustern, Farben und Strukturen. Es werden Formen gerissen oder geschnitten, die zu einem Muster oder Bild auf Papier oder Karton geklebt werden.

Durchreibebild eines aus Tapetenresten geklebten Schmetterlings.

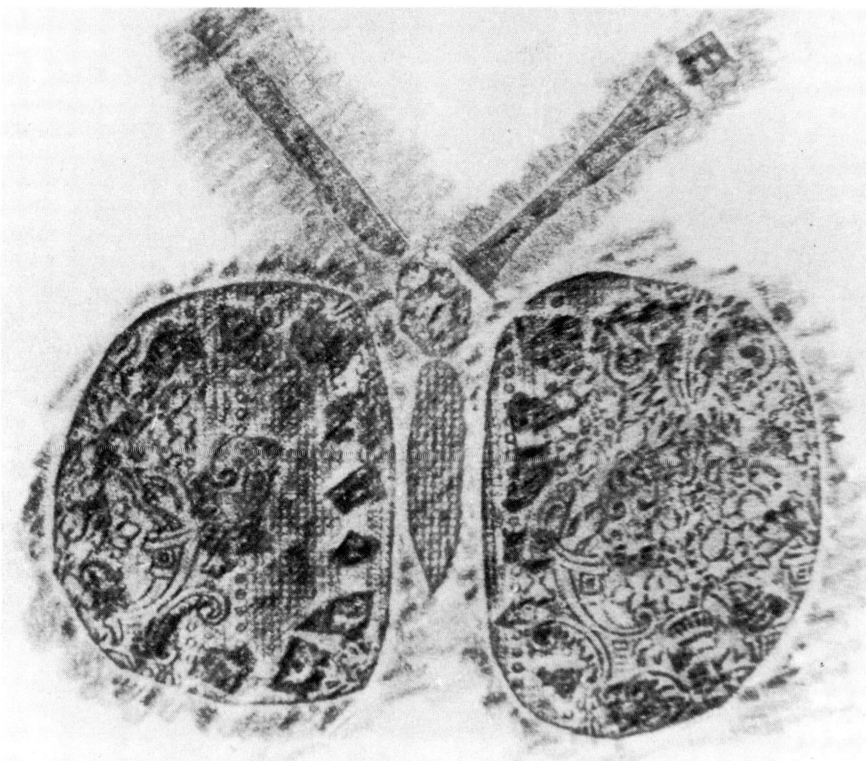

Teppichreste

Hiermit sind Abfälle von Spannteppichen, Fußabstreifern und Teppichbodenreste gemeint.

Sortieren
Man sortiert nach Farbe und Struktur. (Siehe Sortieren unter „Perlen" und Anlaß für Gespräche unter „Stoffreste".)

Durchreibebilder
Siehe Durchreibebilder unter „Wachs".

Reliefs
Es werden Stücke verwendet, die in Form und Farbe zusammenpassen. Man legt sie zu einem Muster und klebt sie auf eine Grundfläche. Die Stücke können sich überlappen oder in Schichten übereinanderliegen.

Drucken
Einzelne Stücke können aufgrund ihrer Struktur verwendet werden. (Siehe Drucken unter „Stoffreste".)
Sie können auch in „Abfall"-Stempel einbezogen werden. (Siehe Drucken unter „Pappkartons".)

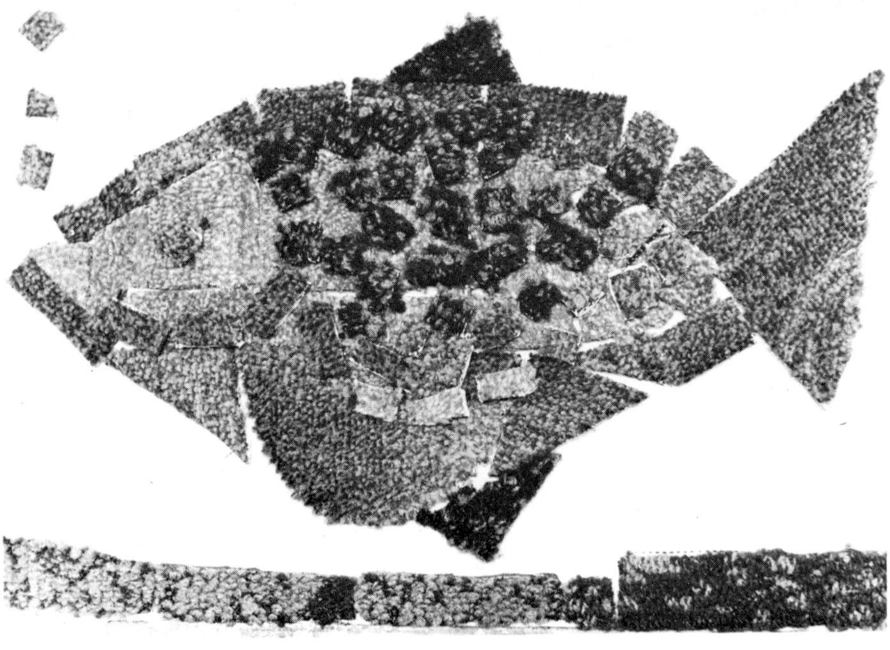

Wandbehang aus lauter verschiedenen Teppichresten.

Hier werden Kerzenwachs und Wachsmalstifte verwendet.

Zeichnen/Malen
Mit einer Kerze oder einem Wachsmalstift wird auf Papier gezeichnet. Anschließend kommt eine Schicht Wasserfarbe über die ganze Fläche. Die Stellen, auf denen Wachsstriche sind, nehmen die Farbe nicht an.

Siebdruck
Man spannt ein Stück Nylonstrumpf oder ein anderes durchlässiges Gewebe über einen hölzernen Rahmen (feststecken oder -klammern) oder über ein kurzes Stück fester Pappröhre (dann mit Schnur oder Gummi befestigen). Mit einem Wachsmalstift wird ein Muster auf dieses „Sieb" gezeichnet. Dann das Sieb auf ein Stück Papier oder Stoff stellen und Farbe durchdrücken. Diese dringt nur an den Stellen, wo kein Wachs aufgetragen wurde, durch das Sieb. Am besten nimmt man zum Durchdrücken ein Stück Pappe oder eine Walze.

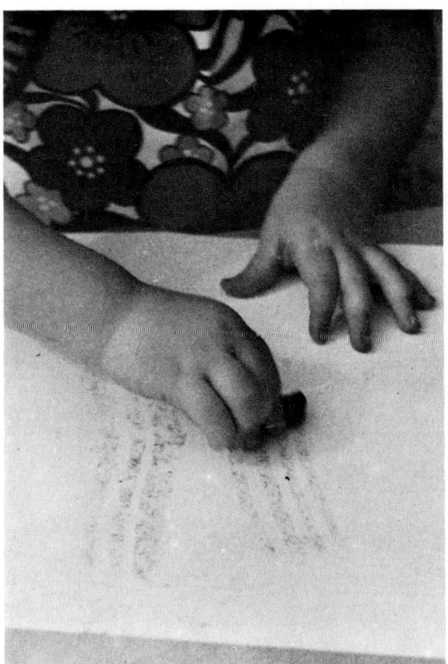

Eine 3jährige malt mit Wachsstiften, die auf der Breitseite mit Einkerbungen versehen wurden.

Sgraffito
Ein ca. 12 × 18 cm großes Stück Papier oder Karton wird vollständig mit Wachs bemalt. Dann das Ganze mit schwarzer Farbe (wasserlösliche Farbe, etwas Geschirrspülmittel beimischen, damit sie nicht von dem Wachs abgestoßen wird) oder einem schwarzen Wachsmalstift überstreichen. In die schwarze Fläche wird ein Muster geritzt, so daß die darunterliegende Farbe wieder zum Vorschein kommt. Man kann zum Ritzen Zahnstocher, Nägel, Streichhölzer, Äste oder ähnliches nehmen.

Durchreibebilder
Man legt festes, dünnes Papier (Zeitungspapier) über einen interessant strukturierten flachen Gegenstand, zum Beispiel Borke, Holz, Münze oder Tapete. Mit einem Wachsmalstift, in einer sich abhebenden Farbe zum

Papier, wird vorsichtig über das Papier gerieben. Wenn nötig, das Papier vorher feststecken oder mit Klebeband befestigen. Durchreibebilder von verschiedenen Gegenständen können ausgeschnitten oder ausgerissen und zu einer Collage auf Papier oder Karton geklebt werden.

Zeichnen
Man kann mit Kerzen oder Wachsmalstiften auf fast allen Papiersorten zeichnen. Schneidet man ringförmig Kerben in die Kerze oder den Wachsmalstift und zieht damit über das Papier, so erscheinen parallel verlaufende Streifen.

Wäscheklammern

Klammern können benutzt werden, um beim Batiken Stoffteile abzudecken (Baumwolle eignet sich gut). Der Stoff darf aber nur ein paar Sekunden in der Farbe bleiben, sonst dringt sie bis unter die Klammern. Er kann auch gefaltet oder plissiert werden, bevor man ihn klammert. Es gibt verschiedene Faltmuster (siehe Seite 111). Die Farblösung kann man in einem alten Kochtopf oder Tiegel anrühren, der mit Emaille überzogen ist.

Bauten und Konstruktionen
Man kann aus verschiedenen Klammern freistehende Figuren und Gebilde machen und mit Kompaktkleber zusammenfügen. Eventuell klammert man sie auch nur aneinander.
Einzelne Klammern können angemalt werden. Es entsteht eine ganze „Klammern-Familie". Zum Malen der Gesichter kann man Filzstifte verwenden. Stoffetzen werden als Kleider oder Haare aufgeklebt.

Reliefs
Man arrangiert die Klammern zu einem Muster oder Bild und klebt sie auf eine Grundfläche.

An der Wäscheleine
Bilder und Drucke kann man zum Trocknen an eine Wäscheleine klammern, die man quer durch den Raum spannt.

Vorschläge verschiedener Faltweisen beim Tauchen und Färben:
a) Stoff in der Hälfte zusammenlegen und die äußeren Kanten auf die Mittellinie zu falten, so daß sie sich fast berühren
b) der Länge nach in vier Abschnitte gefalteter Stoff
c) gefalteter Stoff mit versetzt festgesteckten Wäscheklammern
d) geviertelter Stoff
e) zweimal diagonal gefalteter Stoff
f) diagonale und ziehharmonikaartige Faltweise
g) Nach innen geklappte Ecken. Dies kann man mehrmals wiederholen, bevor Klammern angebracht werden.
h) Um einen Rundstab gewickelter Stoff, der bei jeder Umdrehung mit Klammern festgehalten wird
i/j) Stoff rollen und plattdrücken, bevor er mit Klammern versehen wird
k) Stoff in der Mitte hochheben und mit Klammern „bespicken".

Holzpferdchen aus Wäscheklammern und Holzpflöckchen. Konstruktion eines 7jährigen.

Zeichenbrettklips
Während des Zeichnens läßt sich Papier mit Klammern gut auf einer Platte befestigen. Die glatte Seite einer Hartfaserplatte bildet eine gute Unterlage und ist zum Beispiel dünn genug, um Papier und Unterlage mit Klammern feststecken zu können.

Drucken
Enden wie auch Längsseiten eignen sich als Druckstock. Ein Stempelkissen dient zum Einfärben. (Siehe Drucken unter „Schwamm".) In beiden Fällen sind sich wiederholende Muster sehr wirkungsvoll.

Modellierwerkzeuge für Ton
Die beiden Teile einer Klammer werden auseinandergenommen, die rauhen Stellen mit Sandpapier geglättet. So entstehen zwei Werkzeuge, die man beim Modellieren von Ton oder ähnlichem Material verwenden kann. Mit ganzen Klammern lassen sich interessante Muster in Tonarbeiten eindrücken.

Durchreibebilder
Über die gerillte Fläche legt man ein Stück sauberes Zeitungspapier und reibt mit einem dicken, farbigen Wachsmalstift darüber.

Collagen
Es werden Streifen oder Formen gerissen oder geschnitten, mit den Rillen in verschiedenen Richtungen zu einem Muster gelegt und auf eine Grundfläche geklebt. (Das ergibt auch interessante Durchreibebilder!)
In ein und derselben Collage kann Wellpappe auch mit anderen Materialien kombiniert werden.

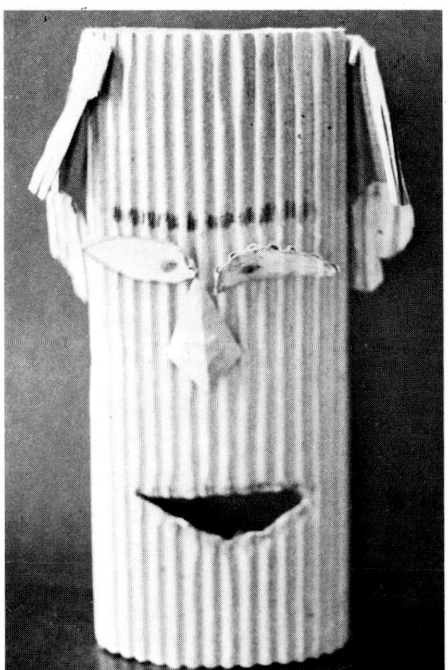

Drucken
Mit den Collagen kann gedruckt werden. (Siehe Drucken unter „Pappkartons".)
Oder es wird mit festen Rollen (die gerillte Seite nach innen oder außen), die mit Schnur oder Gummiband zusammengebunden sind, gedruckt. Dabei kann man die Enden nehmen, oder aber die Seiten über das Papier rollen. Stempelkissen verwenden. (Siehe Drucken unter „Schwamm".)

Sammlungen
Große Stücke Wellpappe können als Untergrund für Sammlungen von Kinderarbeiten dienen.

Bauten und Konstruktionen
Wellpappe eignet sich besonders gut für „Zylinder", die zusammengerollt, mit Büroklammern zusammengesteckt oder mit Alleskleber oder Klebeband festgeklebt werden. Aus den Zylindern entstehen Leuchttürme, Türme, Hüte oder was immer sich die Kinder in ihrer Fantasie vorstellen.
Einzelne Wellpappestücke dienen entweder als Floße oder gepflügte Felder, oder sie werden für Hütten, Häuser, Burgen, Läden, Garagen usw. geklebt, geklammert oder ineinandergeschoben. Es lohnt sich auch, Fantasiegebilde herstellen zu lassen, um die Vielseitigkeit des

Materials zu erforschen. Kinder lernen so dessen Eigenschaften, Gleichgewichtspunkte und Zusammenfügtechniken und bekommen eine handwerkliche Geschicklichkeit in Arbeiten wie Schneiden, Zusammenfügen und Falten von Pappe.

Zahnstocher

Hölzerne Zahnstocher, Plastikzahnstocher, einfache und farbige Zahnstocher finden Verwendung.

Sgraffito
Zahnstocher eignen sich gut zum Einritzen von Mustern in eine Fläche. (Siehe Sgraffito unter „Wachs".)

Reliefs
Die Zahnstocher werden zu einem Muster angeordnet und auf eine Grundfläche geklebt.

Bauten und Konstruktionen
Herrliche freistehende Formen entstehen, indem man die Zahnstocher übereinanderstapelt und nacheinander zusammenklebt.

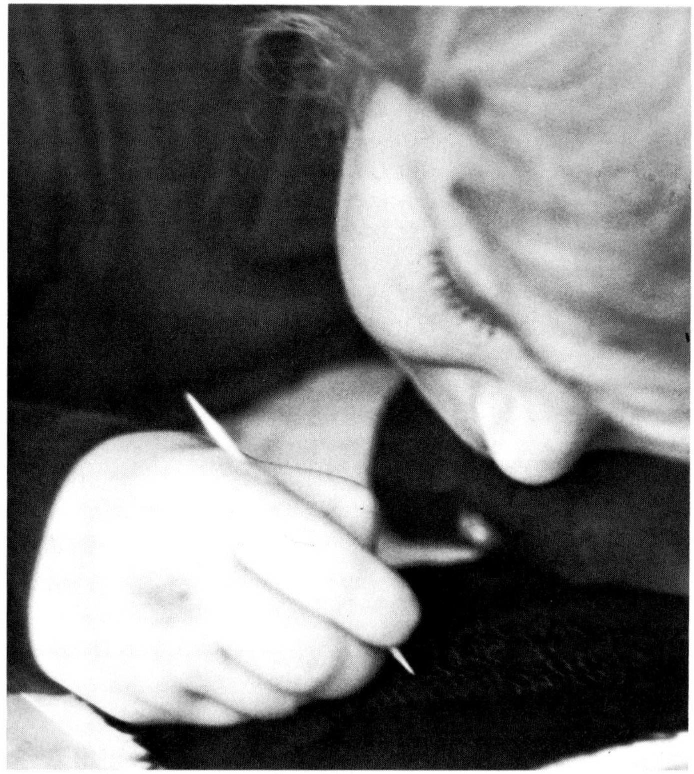

Mit dem Zahnstocher ritzen . . .

Als Klebstoff eignen sich Alleskleber oder Klebestift.
Man kann Zahnstocher zum Ausschmücken von Konstruktionen wie Häusern, Booten oder ähnlichem verwenden, die aus anderen Materialien bestehen.
Sie dienen auch als Bindeglieder zwischen einzelnen Teilen einer Gesamtkonstruktion, wie einer Eierschachtel oder verschiedenen Korken. (Siehe Konstruktionen unter „Eierschachteln".)
Zahnstocher sind wunderbare Arme, Beine oder Hälse. Man kann sie in Kork, Kartoffeln oder andere „Körper" drücken.

Sie stellen unerschöpfliches Spiel- und Werkmaterial für Kinder dar, und man sollte immer einen Stoß in greifbarer Nähe haben.

Collagen

Das Papier wird gerissen oder geschnitten und zu einem Muster oder Bild auf eine Grundfläche (Papier oder Pappe) geklebt.

Man verwendet:

– Farben, die gut zusammenpassen, sollte aber bedenken, daß kleinere Kinder weniger an zusammenpassenden Farben interessiert sind.

– ähnliche Formen, die zusammenpassen oder fast aneinanderpassen.

– Stücke, die sich überlappen.

– kleinere Teile, die man zu ei-

nem Mosaik zusammensetzen kann.

Gewebe
Papier wird in Streifen gerissen und miteinander verflochten. (Siehe Gewebe unter „Pflanzen".) Dazu kann man weißes, schwarzes, farbiges und buntbedrucktes Papier verwenden.

Sortieren
Die Farbseiten oder ausgeschnittene und ausgerissene Formen werden in Farbgruppen sortiert, z. B. werden rote, blaue und grüne Schnipsel in verschiedene Schachteln gelegt. Dies ist erstens für Collagen nützlich, hilft aber auch, Farbsinn und die Fähigkeit zu sortieren zu entwikkeln. Sieben- bis achtjährige Kinder schaffen das sehr gut.

Zeitungen sind stets zur Hand und können vielseitig, ja sogar als Kostüme für schnell arrangierte Modenschauen eingesetzt oder geknüllt als Wurfgeschosse verwendet werden.

Collagen

Zeitungen und auch andere Papiere werden aufgeklebt. Oder man benutzt Zeitungspapier allein, um die bedruckten Flächen gegeneinanderzusetzen und wirken zu lassen. Die unbedruckten Teile wirken am hellsten (normalerweise weiß), Fotografien erscheinen ziemlich dunkel. Verschiedene Dichten der gedruckten Buchstaben wirken als Grauabstufungen.

Das Zeitungspapier wird in Stücke gerissen, zu einem Muster arrangiert und auf Karton oder festes Papier geklebt. Eine schwarze Grundfläche eignet sich hierfür besonders gut.

Malen

Man kann direkt auf Zeitung malen. Das Gedruckte kann dabei möglicherweise einbezogen werden. Kinder haben viel Freude daran, mit Farbe großzügig zu malen. Alte Zeitungen machen

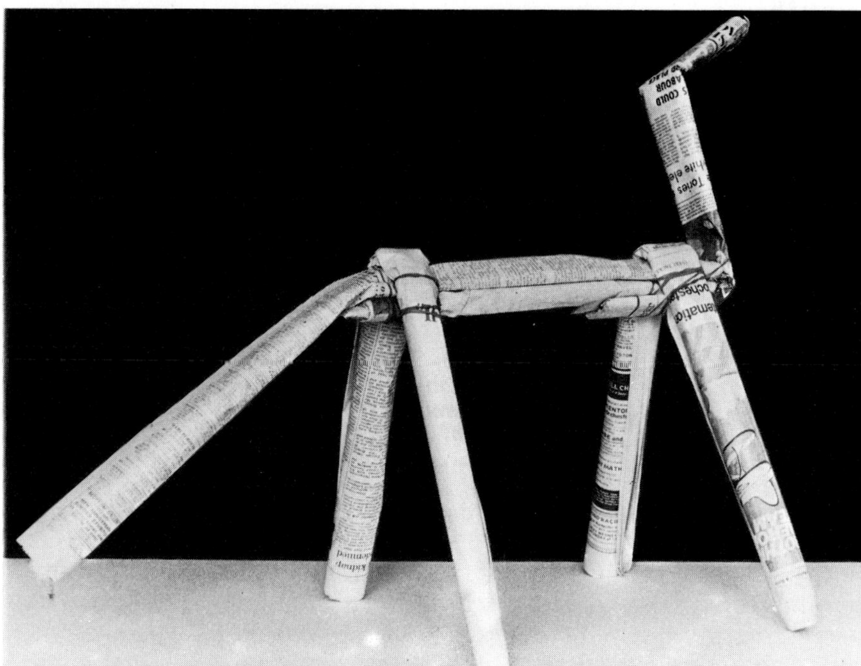

Pferdchen aus Zeitungspapier. Die einzelnen Rollen werden mit Gummibändern zusammengehalten. Diese Grundform kann mit Papierstreifen und Kleister noch gefüllt und ausgeformt werden und nach dem Trocknen bemalt und verziert werden.

unter Umständen den Kauf von größeren Papierbögen überflüssig und bieten wieder eine abwechslungsreiche Malfläche. Daneben sollten Kindern natürlich auch die Rückseiten von Tapetenresten oder Packpapier zum Malen zur Verfügung stehen.

Arbeitsunterlage
Die Arbeitsfläche wird mit Zeitungen abgedeckt, um sie beim Malen und Drucken oder beim Modellieren zu schützen.

Pappmaché
Puppen: Puppenköpfe können über Tennisbällen, Kartoffeln und anderen Gemüsen geformt werden. (Siehe Pappmaché unter „Ballons".) Ein runder Gegenstand wird mit Pappmaché umhüllt und getrocknet. Dann wird die Form in der Mitte durchgeschnitten und der Gegenstand entfernt. Die beiden Hälften werden mit Pappmaché wieder aneinandergefügt. Ein Loch für den Hals wird, wenn nicht schon vorher berücksichtigt, ausgeschnitten. Nach dem Trocknen kann der Kopf nach Belieben mit Farbe, Filzstiften, Tinte oder Collagen verziert werden. Wenn man die Farbe mit etwas Leim mischt, entsteht ein weiterer, schützender Mantel.
Masken: Aus einer geeigneten Modelliermasse wird ein Gesicht geformt. Nach dem Trocknen werden mehrere Schichten aus Pappmaché darübergelegt (siehe Pappmaché unter „Ballons"). Wenn das Pappmaché trocken ist, wird die Form aus Modelliermasse entfernt. Die entstandene Maske wird angemalt oder mit allem möglichen Beiwerk (Federn, Holzwolle, Draht, Papier usw.) geschmückt.

Modellieren
Aus gefaltetem oder gerolltem Zeitungspapier macht man Figuren, die mit Klebestreifen und Pappmaché zusammengehalten werden. Die Rollen sollten sehr fest sein, in die gewünschte Form gebogen und mit Schnur oder Gummiband zusammengebunden oder mit Klebeband befestigt werden. Die entstandene Form wird mit Pappmaché abgedeckt. (Siehe Pappmaché unter „Ballons".) Gedrehtes oder gefaltetes Zeitungspapier, andere Papiere oder Pappreste können als Nase, Kamelhöcker usw. hinzugefügt werden. Mehrere Pappmachéschichten ergeben eine glattere Oberfläche. Wenn auch die letzte Lage getrocknet ist, wird das Objekt bemalt und nach Bedarf noch mit Krimskrams geschmückt oder mit Kleidern aus Stoffresten angezogen.

Gewebe
Dazu wird in Streifen gerissenes Zeitungspapier verwendet. (Siehe Gewebe unter „Pflanzen".) Wenn man mehrere Streifen zusammenfaltet, so wird das Gewebe fester. Es lassen sich sogar einfache Körbe flechten.

Anlaß für Gespräche
Jeder Spaziergang bietet Anlaß und sollte dazu genutzt werden. (Siehe Gespräche unter „Borke“, „Knochen“ und „Blätter“.)

Fantasiespiel
Fordert man Kinder auf, Menschen, Tiere oder eine Landschaft zu gestalten, so werden Zweige zu Spazierstöcken, Gewehren oder Zauberstöcken.

Malen
Mit Zweigen kann Farbe aufgetragen werden. Man sollte dazu Farben etwa in der Dicke von Zahnpasta verwenden.

Sgraffito
In eine Farbschicht (mit Pinsel, Lappen oder anderem aufgetragen) kratzt man mit Hilfe eines Zweiges Linien oder Flächen, so daß der Untergrund wieder sichtbar wird.

Zeichnen
Ein Zweig, mit dem gezeichnet werden soll, wird in Farbe, Tinte oder Färbemittel getaucht. Man kann ihn aber auch zum Zeichnen in Schlamm oder Sand benutzen. Kinder machen dies spontan und gerne am Strand, im Garten oder in Sandkästen.

Reliefs
Zweige entsprechender Größe werden ausgesucht und auf einer Grundfläche zu einem Muster gelegt und festgeklebt. Dabei sollte deren unterschiedliche Stärke und Farbe in die Bildwirkung mit einbezogen werden.

Bauten und Konstruktionen
Zweige können zum Bau von fantasievollen Häusern, Scheunen, Barrikaden, Zäunen oder Hütten verwendet werden. Sie werden geklebt, verflochten oder zusammengebunden. Auch können sie als Ergänzungen zu anderen Konstruktionen aus den verschiedensten Materialien verwendet werden. (Siehe Konstruktionen unter „Kartoffeln“.)

Puppen
Man macht aus Zweigen Stabpuppen. Eine Möglichkeit wäre, den Stock durch ein Loch in dem Boden eines Joghurtbechers oder eines anderen Plastikbehälters zu stecken. Oder man formt aus Modelliermasse eine Kugel, in die man den Stock hineinschiebt. Sie ist der Puppenkopf. Knöpfe, Perlen usw. dienen als Augen, Nase oder Mund und werden in die Modelliermasse hineingedrückt oder aufgeklebt. Stoffreste werden als Kleider verwendet.

Literaturhinweise

Alle nachstehend aufgeführten Bücher erscheinen im **Otto Maier Verlag Ravensburg**

Ravensburger Beschäftigungsbücher
Reizvolle Anregungen für Kinder, handwerkliches und künstlerisches Arbeiten durch leicht verständlich erklärte Techniken mit verschiedenen Materialien selbst zu erlernen.
Direkt für Kinder und als Hilfe für Erwachsene.

Das neue Ravensburger Handarbeitsbuch für Kinder
von Jutta Lammèr
Nähen, Sticken, Applizieren, Weben, Häkeln, Knüpfen, Stricken.
64 Seiten, zahlreiche schwarzweiße Illustration und Farbfotos

Ravensburger Gartenbuch für Kinder
von Diana Simmons
Kleine Gärten im Zimmer, auf dem Balkon und im Freien.
43 Seiten mit 6 Farbfotos und vielen farbigen Illustrationen

Ravensburger Backbuch für Kinder
von Elisabeth Daldrup/Uta Schmitt
48 Seiten mit 14 Farbfotos und zahlreichen farbigen Illustrationen

Ravensburger Kochbuch für Kinder
von Gräfin Sybil Schönfeldt/Dorothea Desmarowitz
42 Seiten mit 6 Farbfotos und zahlreichen farbigen Illustrationen

Origami Kinderbuch
von Irmgard Kneißler
61 Seiten, farbige und schwarzweiße Illustrationen und Fotos

Wo der Gurkenkönig wächst
von Sabine Lohf/Sibylle Sailer
Ein Pflanzenjahrbuch.
48 Seiten, farbig illustriert

Die **„Spielbücher"** enthalten Anregungen für phantasievolles Spielen, Gestalten und Darstellen.

Ravensburger Liederspielbuch für Kinder
von Dorothée Kreusch-Jacob
58 Seiten, Fotos und Illustration

Ravensburger Theaterspielbuch für Kinder
von Nicholas Barter
80 Seiten, Fotos und Illustration

Die **großen broschierten Bastelbücher** zeigen Kindern mit genauen Schritt-für-Schritt-Zeichnungen und ganzseitigen Farbfotos, wie sie lustige und außergewöhnliche Dinge leicht nacharbeiten können.

Das hab ich selbst gemacht
von Sabine Lohf
Ein Bastelbuch für Kinder ab 4 Jahren
80 Seiten, über 40 Farbfotos, zahlreiche schwarzweiße Illustrationen

Ich bau mir was zum Spielen
von Sabine Lohf
Viele Sachen zum Selbermachen für Kinder ab 4 Jahren
64 Seiten, 30 Farbfotos, zahlreiche schwarzweiße Illustrationen

Das kannst du auch
von Lemke-Pricken
Neue originelle Bastelideen für Kinder ab 8 Jahren
80 Seiten, 35 Farbfotos, zahlreiche schwarzweiße Illustrationen

Ich mach was mit Wolle
von Hannelore Schäl/Sabine Lohf
Spielen und Basteln mit Wolle für Kinder ab 4 Jahren.
64 Seiten, 30 Farbfotos, zahlreiche schwarzweiße Illustrationen

Weitere Bücher
zur Kinderbeschäftigung
aus dem
Otto Maier Verlag
Ravensburg

24.-la